JN437839

군 두 쇠

시 그리고 수필의 향기

군 두 쇠

초판 인쇄 / 2011년 1월 3일
초판 발행 / 2011년 1월 5일

지은이 / 배용파 외 13인
펴낸이 / 김경옥
편집 / 이진만 신진회
펴낸곳 / 도서출판 온북스
등록번호 / 제 312-2003-000042호
등록년월일 / 2003년 8월 14일
주소 / 서울특별시 은평구 응암1동 81-227번지
전화 / 02) 303-0762, 2263-0360
팩스 / 02) 303-2010, 2263-0370
전자우편 / byp0370@hanmail.net

ISBN 978-89-92364-59-1 (03810)
* 잘못된 책은 바꾸어 드립니다.

시 그리고 수필의 향기

군두쇠

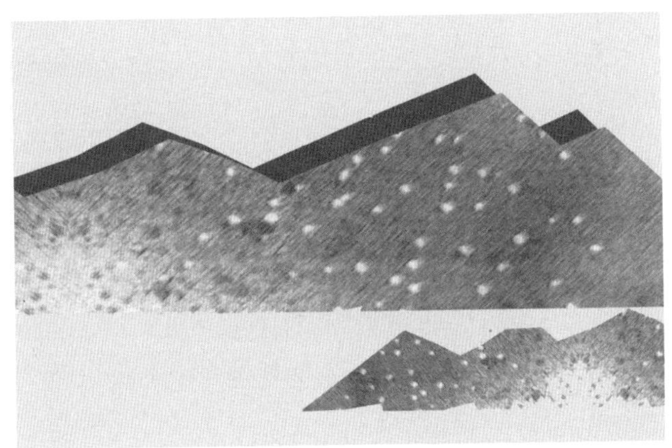

온북스
onbooks

이 시대에 누가 글을 쓸 것인가?

말과 글의 역사는 과연 인간에게 무엇을 가져다 주었는가?

한 마디로 소통(疏通)이다. 불립문자(不立文字), 교외별전(教外別傳)이란 선가(禪家)의 말이 있다. 때로는 말 없음으로 크게 가르치고 감동을 주는 경우도 매우 많다. 그렇다. 인류의 소통을 위해 바로 글을 쓰는 우리 문학도들의 난제이며 풀어야 할 숙제이기도 하다. 왜 인류사회에서는 끊임없는 다툼이 일고 있는가? 그것에 대한 경고는 누가 하는가? 힘 있는 자가, 부국의 일인자가, 아니면 용감한 자가 하는가? 궁극적으로는 역시 말과 글이다. 인류의 역사는 그렇게 이어져 왔다.

이 시대에 누가 글을 쓸 것인가? 누가 말을 옳게 할 것인가? 세계는 좁지도 넓지도 않다. 오직 무량(無量)한 우리의 마음에서 생겨나오는 말과 글이 우주를 지배할 뿐이다. 그렇다면 누가 선봉장(先鋒將)으로 설 것인가. 글 한 줄, 말 한 마디가 세상을 바꿀 수 있다. 기름진 좋은 토양에서 식물이 잘 자라듯이 인간 세상의 토양, 즉 마음밭의 양식을 기름지게 해야 할 것이다. 이제 여러 장르의 우리 〈국제문예〉와 [국제문인협회]의 훌륭한 작가들이 그 위대한 역할을 과감하게 짊어지고 나아가야 한다고 생각을 한다. 이미 제호(題號)가 의미하고 있듯이 말과 글을, 아니 진정으로 마음밭을 갈고 닦아서 인류 문단에 선봉장이 되는

"군두쇠" 역할을 해야 한다고 주창하는 바이다.

군두쇠! 크나 큰 이상과 목표를 향해 어떤 어려움과 장애가 있을 지라도 슬기롭게 대처해 기필코 목적을 달성하는 위대함을 보여야 할 것이다. "군두쇠" 창간호의 출간이 늦은 감이 없지 않으나, 오히려 다행으로 생각하는 것은 국내외 문단의 과거를 통해 수많은 잘잘못을 보아 왔기에 이를 거울로 삼아, 훌륭한 점은 배우고 익혀서 새로운 창작이 곧 인류의 정신문화를 이끌고 이바지할 것임을 확신하기 때문이다. 따라서 그 이상을 실현해 나아가기 위해 [국제문인협회] 회원 모두가 일로매진(一路邁進)하여 "군두쇠"가 되기를 간절히 염원하며 발간사에 갈음하는 바이다.

2010년 12월

국제문인협회 회장 · 시인 **조 남 선**

| 차례 |

구자성

배용파

안 죽

오정미

이대형

이명희

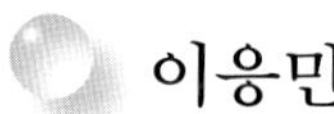

이응민

전병인

조관연

조남선

공도식

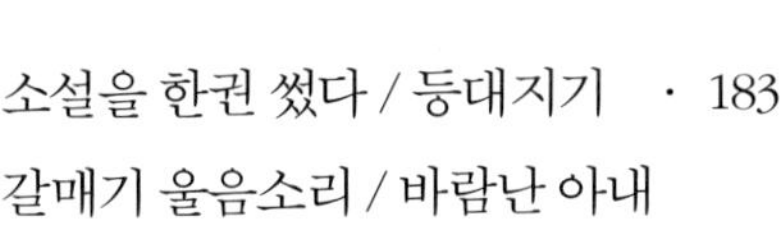

기라성

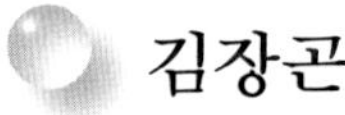

김장곤

조성명

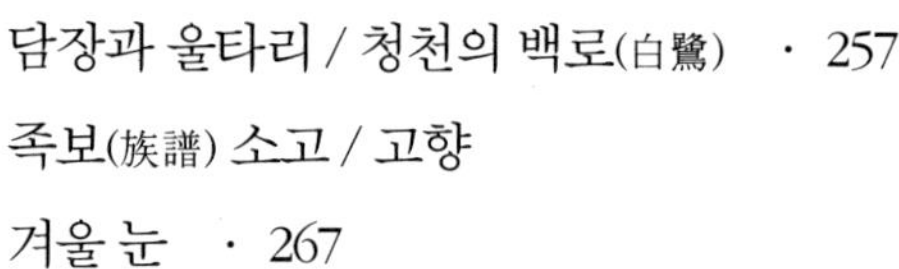

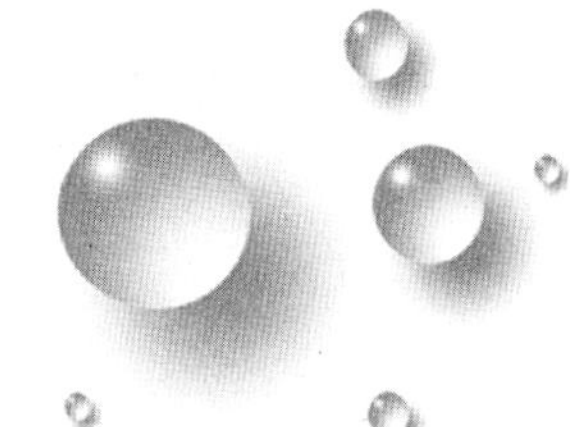

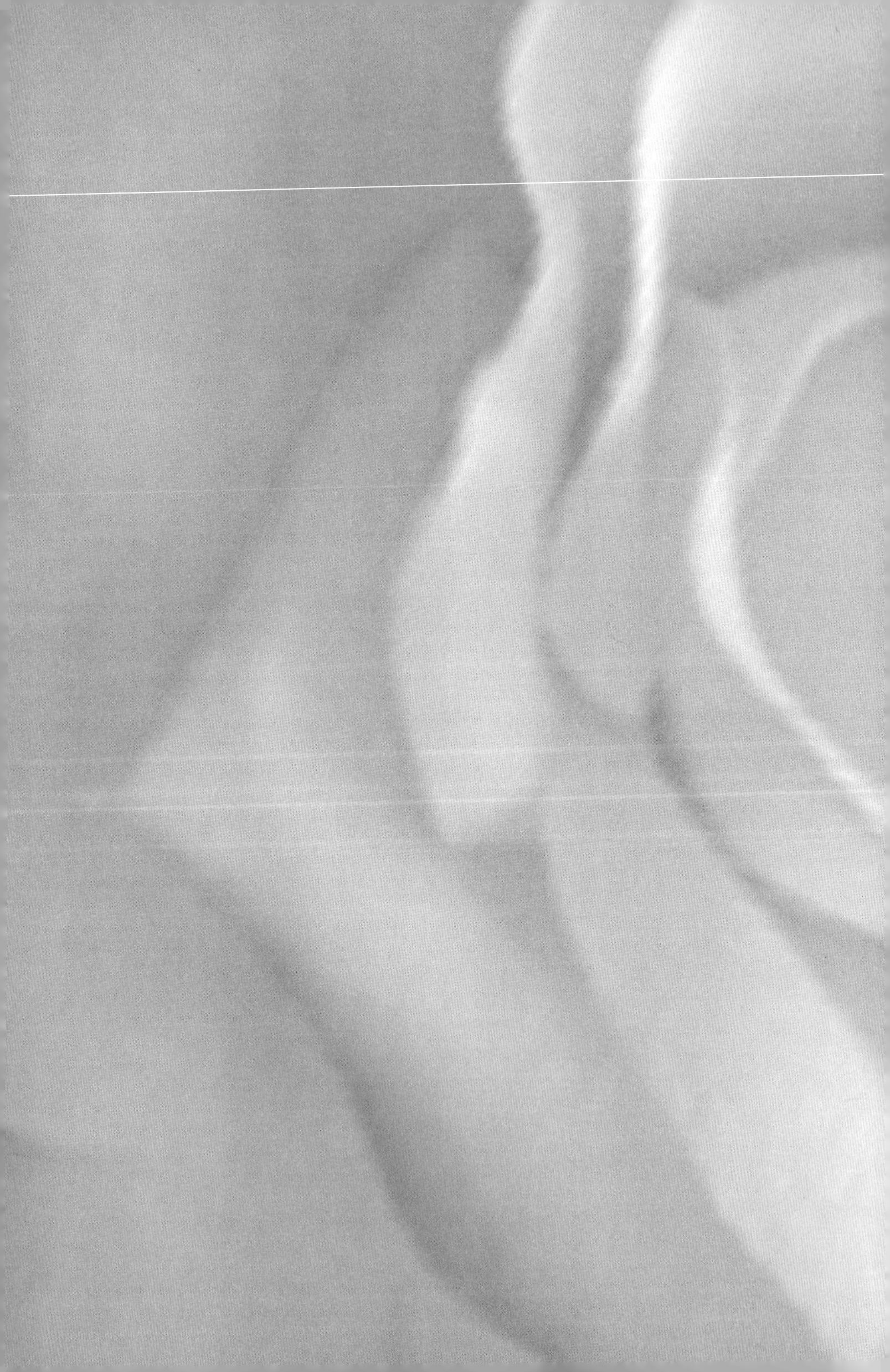

구자성

- 35년간 초등학교 교사로 봉직
- <국제문예> 신인상 시부문 등단, 국제문인협회 회원
- 현) 서울 양원초등학교 교사로 재직중

준비

이제는 알겠다.
두 손 정갈히 씻고
비워 둔 채 있어야 함을.

기나긴 밤을 새우고
더운 눈물 쏟은 후에
얻어진 순리를 따라
그리운 것이 없어서도
애달픈 것이 없어서도
삭정이같이 삭아만 가는 것은 아니란 것도 알 것만 같다.

바람이 차도
벌어진 옷섶을 부여잡지 말아야지.
바람은 그 것 대로
향내 나는 것을 묻혀 온 것 일 터이고.
눈 비 또한
먼 곳의 더운 체온을 데울
뜨거운 입김이나 아닐는지.

그리운 것은 그리운 대로
미진한 것은 그런 체로
오래도록 빛나는 한 줄기 빛으로 남을지도
혹은 어느 누구의 눈동자 속에
프리즘으로 꺾여 무지개 뜨는 기억이 될 지도
지금은 걱정하지 말아야겠다.
다만
준비가 있을 뿐.
크나 큰 충만을 채울
넓은 가슴의 마련이 필요 할 뿐.

가을 비

여러 모습으로 우리에게
온다는 신(神)은
오늘 아침 찬비로 다가 왔을까?
지열(地熱)로 뜨겁던 산야(山野)를 식히러
밤새 내린 비는
또 한 철을 약속 해 줄
신(神)의 모습이지 싶다.

여태 그러했듯이
당신이 내게 그러 했듯이
나 또한 당신에게 그러 할 것은
상처의 일상(日常)을
고백하여 치유 받고 저 함이며
수은(水銀)보다 더 차가운
구슬보다 더 영롱한 물방울로
전율하는 내 오감(五感)을 적시며
두 손으로 당신을 느끼고
팔 벌려 껴안는 가득한 사랑일진데.

마침내 이 아침
나는 당신을 만났다.
더 함 없는
가득한 충만(充滿)으로.

이렇게
가을을 데리고
비가 왔다.

바이칼 호반

자작나무 흰 그림자가
마주 누워 물속에서 숨 쉬고 있다.
서로를 어루만지며
영혼이 노래하는 곳
평생을 돌아 찾아 온 바이칼.

까마득히 잊고 있었던
대지와 하늘의 만남이
눈이 시게 부셔서
손 가리개 핑계 삼아 잠시 얼굴을 묻는다.
바이칼 푸른 수면에.

시베리아의 파리 이르쿠추크에서 왔다는
푸른 눈이 더욱 깊던
러시아 백작의 아들 같은 청춘을 만나
가 버린 내 시간들의 허상을 찾아보는
아시아 동쪽 끝에서 온 낭인.
나는.

깊은 수심 저 바닥에
떨어뜨린 한숨과 눈물을 녹여
한 개 커다란 신의 거울로 만든
여기 수면 위에 내 전생과 이승을 비추며
숙연한 생의 가닥을 노래한다.

강마을

거꾸로 잠긴 풍경 속에는
고뇌 속에 울었던
지난날의 한 시절이 스며있다.

꽃잎 벌어지는 봄날의 속삭임도
질풍노도 혼란의 한 때도.
바람 따라 물 냄새 묻어오고
꿈마다 수없이 첨벙대던
아스라이 언덕 아래
은비늘 반짝이는 강마을 그 곳에 가면.

흐르는 것은 물만이 아니라고
어제 흘렀던 물은
다시 거슬러 오지 않는다고
그래,
이제는 알아.

그 곳에 가면 흔들리지 않고
그린 듯이 잠겨서 날 기다리는
또 한 세상 좋은 날이 있다는 것도.

소리치고 싶은 날이 있거든
그 곳에 가자.
은빛 밀려드는 강마을 그 곳으로.

안개

지난 한 철의 충만을 비우러
이제 안개 뒤에서
훌훌 옷을 털고 있다. 가을 나무는.

있는 듯 없는 듯 휘돌아 감으며
벗은 나무를 가려 주고 있다.
산안개는 또.

푸르듯 섬찍한 실뱀의 허물같이
발밑 가득 벗어 버릴 것이 많은 우리에게도
안개는 때때로 감싸주지는 않을까?

아니다. 아닐 것이다.
가리고 털어서 또 나타내어도 여전한
나무처럼
그렇게는 안 된다.
고뇌하고 탄식하며 통곡한 뒤에
해맑게 다시 보는 날이어야
안개는 감싸 줄 것이 아닐까? 나를.

기다려서 참으며
천년을 울음 운 뒤에
몸을 맡겨 싸안아 달라 응석 부릴 것이다.
그대 청명한 가을 안개여.

소

울분인 듯
체념인 듯
아니면 생래(生來)의 무지인 듯
그런 시선으로
먼 바다를 바라본다.
그래도 맑기는 한 눈으로.

달려와서
숨죽이며 그 자리에 굳은
산맥의 한 골짜기에
두고 온 지난날을 잊지 못했나는
너만 아는
깊은 슬픔의 비밀일 수도 있겠다만
뚜벅뚜벅 걸어서 가기만 하면
안식의 그 자리 비어 있을 수도 있으련만
함묵하며 일깨워 줄
네 의지 또한 있을 것이다.
우리가 본시 더 미련했을 터이니.

우공(牛公).
짐작 못할 시선으로
멀리 바라다봄으로서
우리를 숙연케 하는
짐승.

눈 온 아침

한 말씀만 하소서.
아니
한 말씀만 주소서.
울며 탄식한 새벽녘 머리맡
하얗게 무채색으로 주신 메시지.
"침묵하라."

"예,
하오나
제 뜻대로 하렵니다.
오로지 그러하렵니다."

휘어진 가지
가득히 얹힌 매운 질책에
무릎 꺾으며 울고 맙니다.

"아닙니다.
함묵(緘默)하겠습니다.
당신처럼."

젊음에게

굵은 소낙비 소리
천둥소리 속에 섞여 들린다.
후려치듯 그렇게.

서늘한 기운
비 온 뒤에 우리를 감돌고
너도 무수한 잎새를 곧추 세우며
우르르 일어선다.
푸른 청춘의 이름으로.

어수선했나 싶다가도
정연한 이론으로 세상을 제압하려드는 그 힘은
정녕 축복받은 사람 앞에
당당히 쓰는 퍼스트 네임이런가.
청년아,
아프도록
순수한 그 이름아.

떨리는 현악기의 섬세함도
지축을 흔드는 우뢰 같은 함성도
너에게라면 우주의 빛이 된다.

꿈도
사랑도
다 가진 이 만이
더욱 밝혀 높이 들 수 있는
횃불 같은 이름아,
젊음아,

섬이 되어

바다가 깊어지는 밤이 되면
네 눈도 꼭 그만큼 깊어지더라.
두고 떠난 파도 속으로
둘러싸인 그리움같이.

누가 말 했다더라
어여쁘지 않은 것이 어디 있겠느냐고.
깊어진 눈동자에
달관하듯 비친 한 세상에는.

머나 먼 행성에서 달려오듯
빗금 치듯 내리꽂히는
날카로운 밤비의 행렬이
깊은 바다에 내리면
네 눈은 젖고 말아
밤새 슬픈 울음을 울더라.
섬이 된 너는.

시시때때로
막막하고 목마른 갈증을
너와 함께 축이려고
지느러미 너울대며
날마다 날마다 헤엄쳐서 돌아가리.
섬이 되어 기다리는 너에게로
그래, 너에게로.

미래

역삼동 국기원 근처
잔디 깔린 그 집에는
어여쁜 이름 예림이가 산다.

날마다 아침이면
즈이 아빠와 포옹하며
덜 깬 눈을 비비면서 가방을 챙기는
그 아이.

눈도 예쁘고 코도 예쁘고
손톱도 발톱도 맑게 다듬어
어느 것 하나 향내 나지 않은 곳이 없는
그 아이.
a few와 a lot of를 분별하지 못해도
MP3를 열심히 챙겨
날마다 귀에 꽂은 채
잠이 들고
샴푸 냄새 퐁퐁 풍기는
긴 머리카락 여기저기 흘려
지청구를 듣고 마는
어여쁜 이름의 예림이
그 아이가 산다.

모든 것이 미지수여서
어제는 이젤 앞에서 소묘를 하고
오늘은 몽롱한 표정으로
고개를 갸웃대다가도
내일은 또 아라비아의 프린세스가 되고 마는…

이 세상에서
제일로 신비한 눈빛으로
역삼동 주택가 길을
타박타박 걸어오는
지친 책가방을 맨
그 아이.

대한민국의 한 송이 꽃
어여쁘고 황홀한 미래.
한 시절의
예림이가 산다.

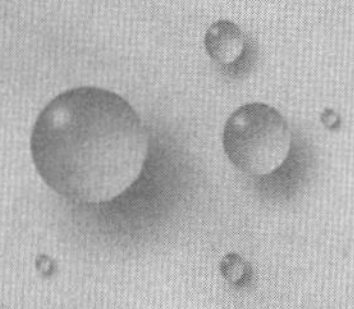

배용파

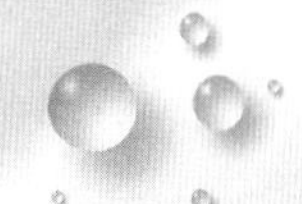

- 고려대학교 및 동대학원(정치외교학과)
- 아 · 태 출판편집 책임자 연구과정 수료(도쿄)
- 유네스코 청년원 지도교수, 영문월간 〈코리아저널〉 편집장 등 역임
- 시집 『 역사 』『 김삿갓 시집 』『 달을 쏘다 』 외 다수
- 현) 김학철문학상 심사위원, 국제 펜클럽, 한국문인협회 회원
- 현) 『 국제문예 』 발행인, 국제문인협회 고문

殉愛譜 (9)

한 점 흰 구름에
그대 얼굴 다가오고
산들바람 스치우면
감미로운 숨결소리…
푸른 강물 굽이치니
慕情도 물결치네.

부서지는 달빛 속에
밤의 湖畔 적막하고
솟구치는 그리움은
긴긴밤을 적셔가니
물 같은 세월 속에
情恨만이 쌓여가네.

님을 향한 久遠의 戀歌
구름마저 휘감으니
千古의 비를 타고
여명 따라 오시려나?
百年 恨 깊푸른 강에
절절사연 띄우려나?

青山無限

노송들의 숨결소리
깊은 고요 깨트리고
높푸른 하늘 아래
녹음은 짙어가니
高峰은 말이 없고
계절은 깊어만 가네.

쏟아지는 햇볕 속에
구름은 잠이 들고
별유천지 선경이라
세월마저 머무는데
玉같이 물 흐르니
무릉도원 여기론가

바람 따라 구름 따라
가는 세월 무상한데
달빛 벗하는
천년노송 고고한저
青山은 하염없이
오늘도 말이 없네.

가을의 여정(旅情)

긴 旅程을 넘어
푸른 蒼空이 손짓을 하면
세월에 지친 길손은
가을소리에 젖어
晩秋의 설악을 찾아
온몸을 적시리라.

천하절경을 자랑하듯
온 산은 불타오르고
깊고도 깊은 계곡
옥같이 맑은 물엔
어쩌다 찾아드는
학 두어 마리 고고해라.

秋色깊은 천년고찰
세월에 덧없는데
달빛 벗하는
老松들이 부럽구나.
賢人들이 일컬어
별유천지 하였거늘
바람 따라 구름 따라
仙境을 찾아 떠나가리.
晩秋의 旅情속에
가을雪嶽 찾아가리.

가을의 麗人

천고(千古)의 전설은
구름 넘어 아득한데
麗人은
별을 헤며
밤의 적막 벗하는가?

천년고찰에
秋色마저 짙어가니
길손의 마음
적셔주는
가을비도 차가워라

순애보 (7)

눈을 감으면
떠오르는
아! 곱게도 핀 얼굴
끝내는
소리도 없이
내 심장을
태워 버리고 말
저리도 붉은 입술이여!

그대 사랑 스치우면
나는
별 바라기 하나 되어
밤하늘의 별을 헤며
온 마음을
적시어 가리.

사랑이여,
久遠의 불꽃이여
하염도 없이
쏟아지는 별빛 속에
오늘밤도
그대 입술에 닿으려는
나는
아! 고독한 별 바라기…….

겨울 산

칼바람이
매섭게도 몰아치는
눈 덮인 겨울 산
바람은 장갑을 뚫고
두 손마저
얼어 붙이네.

가파른 산길도
꽁꽁 얼어붙어
넘어 질세라
온통
발 디딜 곳만 찾느라
겨울 산의 壯觀을
한 조각인들
볼 틈이 없어라.

매서운 추위와
강풍 그리고
얼어붙은 등산로 너머에는
한 폭의 그림 같은
눈부신
설경(雪景)이 있음으로
오늘도
겨울 산은
무언의 손짓을 하는구나.
살을 에는 추위를 박차고
차가운 겨울바람
온몸으로 맞으라고,
겨울 산의
장엄한 秘境을
가슴에 담으라고…….

겨울밤의 추억

매서운 겨울바람
긴 밤은 깊어만 가고
정겨운 구들 목에서
도란도란 피어나던
훈훈한 얘기의 꽃에
어느덧
꿈나라를 헤매곤 하던
그리운 그 시절을
어이 잊어리야

얼어붙은 얼음바닥,
팽이치기에 빠져들어
손등까지 터버리고
빰마저도 빨갛게 물이 든 채
어둠이 깔리고서야
엄마 손에 이끌려 간
저녁식사 상(床)의
뜨거운 국이랑 무김치가
그리도 맛이 있던
그 시절을
또 어이 잊어리야

밤이 깊도록
겨우살이 걱정이며
小寒이 大寒을 업어갔다는
추위얘기에다
할머니의 구수한
옛 얘기까지 이어지면
방안 가득히 웃음꽃이 피던
긴 겨울밤의
아련했던 그 시절을
뉘 있어 잊어리야
뒤 돌아 보면
가슴마저
뭉클해지곤 하는
꿈결 같은 시절이여!
밤하늘의 무수한별
오늘밤도 하염없이
쏟아만 지는데…….

겨울밤의 추억 (2)

솜사탕 같은
흰눈이 내리며
겨울밤 깊어가는 소리
사각사각
발자국 소리 남기며
눈길이 멀어져가는 아쉬움
매서운 바람마저도
훈훈하기만 했던
女人의
그윽한 숨결소리

차가운 밤하늘의
별무리
소리도 없이 쏟아지고
숨 가쁜 도시의
겨울밤은 깊어만 가는데
찬바람 속으로
하얀 입김 흩날리며
떨어질 새라
어깨를 꼬옥 껴안고

긴 여정(旅程) 함께 떠났던
女人의
따스함이 남아,
별처럼 아름다운
사랑이 남아
꽁꽁 얼어붙은 겨울밤도
포근하기만 하네.

별처럼 바람처럼 (6)

굽이치는 강물 따라
숱한 세월 헤쳤든가
높푸른 창공 속에
쌍무지개 그렸든가
묵묵히도 흘린 땀에
삶의 자취 雄渾하네

격동의 세월 속에
절절사연 쌓여가고
긴긴날 비바람에
傷痕마저 무수해도
별처럼 바람처럼
주어진 길 걸었든가
심산유곡 노송이라
旅情마저 고고 하네

흰 구름만 벗하면서
말없이 걸어온 길
榮辱이야 덧없어도
삶의 향기 승엄하니
뉘 라서 님의 자취
우러러보지 않으리오.
뉘 라서 님의 모습
새겨 간직 않으리오……

말없이 떠난 천사

꿈 많고 꽃다운
20대에 왔다네
낯도 설고 물도 설은
이역만리 한국땅에……
한센병 환자들 위해
몸을 던져 섬기다가
일흔이 넘어 갔다네
빈손으로 갔다네
40년 전 들고 온
다 해진 가방 하나 들고……

이별의 아픔 아니 주려
새벽에 몰래 갔다네
일흔 넘은 할매가 되어
일을 못해 갔다네
환자들이 말려도
맨손으로 약 바르고
알리지 않는 베풂이
참베풂임을 보였다네

몸을 던지는 헌신이
어떤 것인지를 보였다네

격동기의 한국사회
요동을 치고 변화를 해도
한 눈도 팔지 않고 하루도 빠짐없이
소록도 수천 환자 돌보고 아꼈다네
부끄럽기 한이 없네 우리네 삶 아귀다툼
아무리 생각해도 참으로 부끄럽네
말라버린 세태속에 입만 열면 거짓과 위선……
장하고도 숭엄하다!
별빛 같은 두분 수녀님*
송두리째 바친 人生 해진 가방 달랑 하나
너무나도 고귀해서
앞과 뒤도 못가리나?
천사님들 앞에서도
네가 옳고 내가 옳고……

*** 두분 수녀님** : 43년의 세월을 소록도의 한센병 환자들을 위해 헌신하다 70세를 넘어선 최근에야(2005.11) 귀국하신 오스트리아 출신의 마리안느 스티그(71), 마가렛 피사렉(70) 두분 수녀님을 위하여……

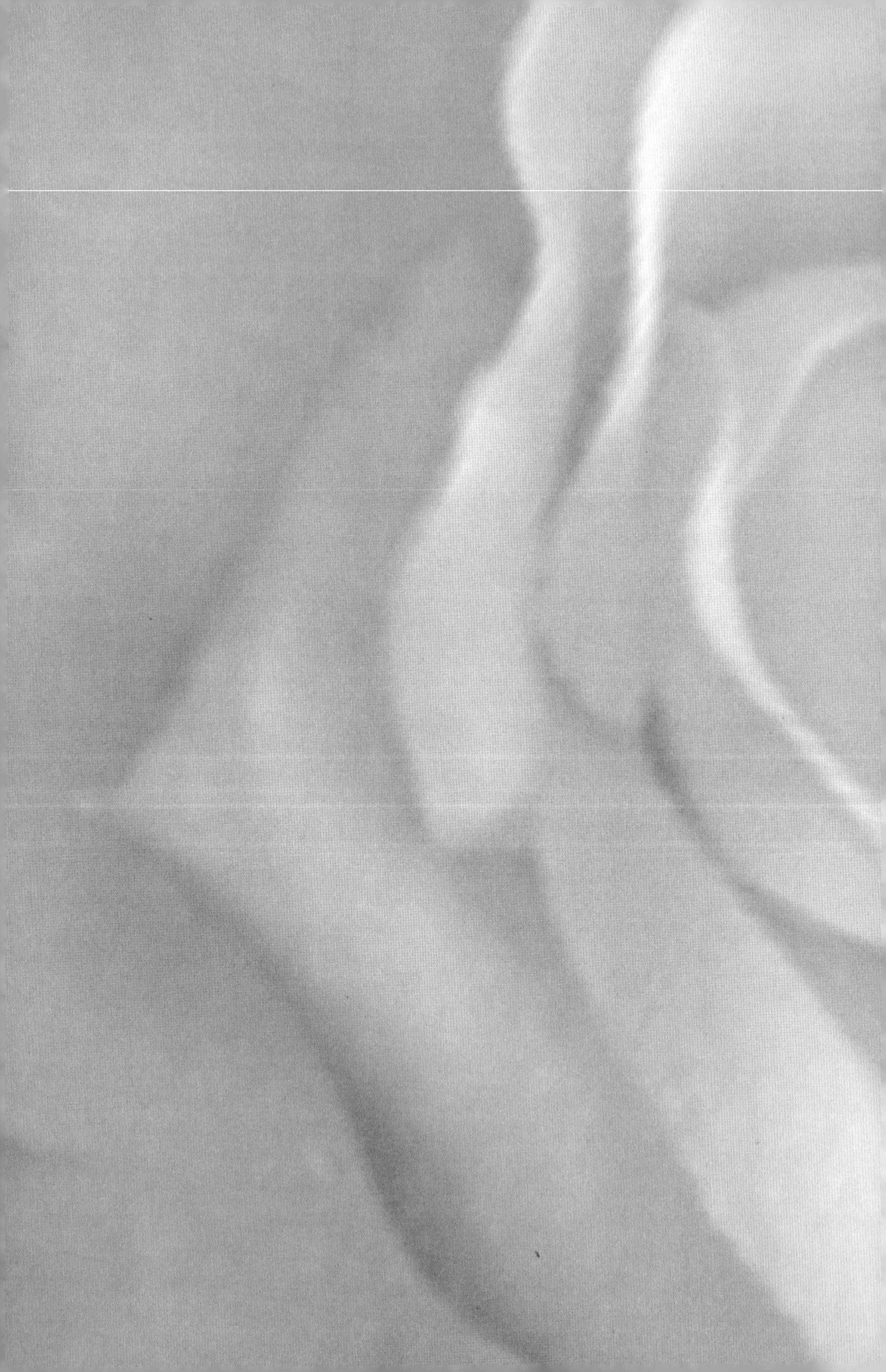

안 죽

- 『국제문예』 시부문 등단
- 국제문인협회 회원

안개비

하이얀 안개속을
걸어 보노라면

안개비는
발목에 묻혀
조용히 내 마음까지 오를 때

가슴속에 쌓여있던 머-언 그리움이
눈물되어 흐르고

돌아선 그 발길이
나의 뒤곁에 서 있는 것 같아
안개비 속으로
눈물이 묻혀 버렸다

차단기

뒤 돌아서지 말고
그냥서서
모른 척
있으라 한다

기차가 지나면
가고픈 그곳 그림자
마음 가득한데
바람도 그냥 스치울 뿐이다

맴돌다 가버린
초라한 너의 넋이
모른 척
그냥 서 있으란다

너

모래위의 발자욱
파도에 씻겨가도
내 눈길에는 남아 있건만

물새들의 울음소리에
내 마음은 닮아만 가는데

파도 소리인가
임의 통곡인가

따라가고 돌아보는 자국마다
내 눈길에 남아 있는데……

이른 아침

어느 세월 여기까지 왔을까?
스치는 바람소리에
첫 새벽 눈 비비며
창가를 내다 본다
뜰안의 꽃가지 가지마다 작은 잎새
바람에 흩날리고
지금은 가버려 볼 수 없는
그가 살았던 빈집 옥상
까치 한 마리 너의 지저귀는 까악까악
그 울음이 알듯 말듯 하구나
내 마음도 한가슴 여위어 생각나는데
세월아 잘가라 언제까지 너를 지켜
생각할고……

친구

네가 눈을 감아 버린다면
낙엽이 골목 어귀 모여
오손도손 소곤대는 그 모습에
바람이 샘을 내어 불어오면
어디론지 흩어져 가는 모습을
볼 수도 없잖아요?

별아
귀를 닫아 버린다면
우리들의 웃음과 노래 소리
울고 싶을 때의 소리
피를 토하듯한 서러운 울음소리도
들어 줄 수가 없는
나는 어찌 하라고.

별아
가슴을 닫아 버리면
내 마음 갈 곳을 잃고
지치고 지치면
누가 너를 만나 줄껀가?

별아
수많은 세월이 지나도 자기의 위치와
자세는 변하지 않는 빛이여
지상의 모래알 같은 수많은 무리도
질서 있게 평화로움을 갖게 되고
또 간직하는데

구원의 세월을 변치 않는 그대를
뉘라서 사랑하지 않겠는가?

별아
우리 가슴을 열고
그리고 사랑하고
손을 잡고 깊은 밤 함께 걸어 가자꾸나

비워둔 자리

빈 마음 하도 넓어서
마로니에공원 비둘기 한 마리
그려 넣었드니

넓고 넓은 하늘이 되어
빈 마음이 더 넓어지누나

맴돌다 벤치에 스쳐간
바람의 자리에

누렇게 된 큰 플라타나스 이파리가
내곁에 내리는 듯
앉는 듯 하구나

그림자

달빛이 내리면
맑고 밝은 꿈을 찾아가고

어느덧 저편 언덕에
희망가득 그림자 짓누나
가야만 하는 길.
긴 그림자 밟으며
작은 미소 보내며
어느덧 열린 길로 가 본다

가는 길

마로니에공원
해질 무렵
비둘기 구구대고
날아간 자리에
내가 걸어가 본다

뒤돌아 보려면
그냥 가던 길 가듯이
내 등을 떠미는 듯한
바람의
소리 없는 소리

친구야
멀리 가버려도
너의 빈자리는 남아있구나

30년 전 우이동 계곡
물 흐르는 소리
너의 아들 딸 나의 아들 딸

얼마나 기쁘게
물장난 치고 놀았드냐
우연히도 여기오니
그 자리 그 언덕에서
너를 그려 본다
평생교육에 시간과 세월 보내던 사람도
꿈결 같은 생각만 남겨두고 있구나
오리구이음식 앞에 두고
한 점도 먹지 못하고
돌아서야 하는 내 마음,
그 자리 그 언덕 가버린 사람들 그리워
지금 나 홀로
이런 저런 사연을 덮어두고
나 홀로 그곳을 내려 왔단다……

산이여

긴 세월 기다림에
지치지도 않고
온갖 풍상 다 겪고, 보고
그래도 잠잠히 내려보고

비가 오면 받아들이고
눈이 오면 날려보고 안는구나

역사 속에서
길고 긴 날
묻어주고 안아주고
보고도 말없고
듣고도 귀를 열지 않는
산이여!
벗이여!

돌아온 편지

번지도 주소도 문패도 없는 곳으로
마음을 가득 담은
백지 종이에 적어
보낼 곳 없어
강가로 가서
조그만 종이배를 띄워 놓고
뒤돌아
못보고
언덕으로 올라와서는
구름은 가도 하늘은 파랗게
나를 덮어준다

오정미

- 대구광역시 출생, 요리 연구가
- 한비문학 신인문학상(시부문)
- 『국제문예』 시부문 등단, 국제문인협회 회원
- 저서 〈살아가면서〉 〈도심속에서〉 〈반찬의 조화〉 외 다수

명곡은 $E=mc^2$

조그만 스피커
흘러나오는 베토벤 현악 4중주

현란한 현의 선율
온몸 세포 이완한다

가물가물 미지의 영혼놀이
내 앞에 펼쳐지고

200년 속으로 여행하며
누군가의 악기위에 걸터앉아
곤한 하루를 내려놓는다

천재 음악가는 E
휴식은 mc^2

와공(瓦工) 품안에서 혼(魂)이 탄생되다

흙 빚어 불길 속 참선
뜨거운 생명 잉태되니

귀하신 분 와공 등에 업혀
공중으로 큰일 치러 간다

공의 손끝에서 이리저리 꽃단장
암수는 신방을 차린다

서까래 깔고 누워
뒷산같은 용마루 잇고

수백년 내다보는
망와(望瓦)

와공 보며 미소 머금은
안녕과 평안 약속해

Self - actualization

세상을 바라보다
나를 바라보다

이리 기웃
저리 기웃

틈만 나오면 삐쳐 나오는
심층 속 잠든 나를 찾아
오늘도 나는 떠난다.

잠재 창조 실현,
그리움 즐거움 행복

나를 초월한 더 높은 영감
우리를 찾아 나선다.

자아실현
스스로 행동한다.

座標(coordinates)

먼 곳에 돌 던져두고
거기까지 걸어가라

아는 이 하나
없어도

함께하는 이가
늘 있으니

좌표

내 인생의
coordinates

Chaos의 꽃

떨어지는 꽃잎
얼마나 안간힘을
쓰고 있는지
나는 보았다

솜털의 아름답고
가벼운 몸짓
중심속 공간은
비워져 있음을
나는 보았다

컴컴한 텅빈 공간
무질서 속에 질서
안정 속의 불안정

행복에 젖어 있는 듯한
나는 항상 잠 못 이룬다

아는 듯 모르는 듯
미래에 불안함

길을 잃고
스치는 바람 사이에 서서
나를 찾아 보는

폭풍의 카오스
카오스의 나비여

www. co. kr

대표 거미
거미줄 법인설립
업종 파리, 모기 잡아 꽁꽁묶어 저축
복지정책 필요없는
독립채산제

알아서, 알아서
너는 너, 나는 나,
거미는 나홀로 CEO
편하기 때문
거미줄 중심에 거미 있다.

단풍 곱다

단풍이 곱게 물드는 것
나무가 겨울을 나기 위해
힘을 모아 안간힘을 쓰는 과정이다
인간은 나무 껍데기 색깔을
보고 춤추고 술마시며 좋아한다

나무는 그러니깐…
겨울나기 준비하면서
인간에게 즐거움까지 주는구나
고통을 보며 즐거워 하는 것이
나무뿐일까
사람아!

상자 속 아버지

겨울 산에 홀로 앉아
우주를 호령하는 눈빛이 형형한 아버지

“나갔다 올께요”
“그래”

“시장하시면 잡수실 것 챙겨드세요”
“그래”

“심심하면 TV 보시고”
“그래”

올려다 보이는 아파트
상자 속에 갇힌 아버지가 보인다.

극

촘촘한 그물망 손질
넓디넓은 대양을 겨누고

소박한 갑판 차가운 주먹밥
거센 파도와 싸우고

사랑스러운 물고기를
창으로 찔러 버린다

젊은 기혈 올라오는 파도와 푸른 대결
펼친다, 물거품 날리며

노년의 선장은 푸른 물결과
부부 연을 맺어 황혼을 나눈다.

초충도(草蟲圖)

야들야들한 꽃 이파리
밑구석 뿌리 질긴 근성

날아다니는 나비
흙 위로 풀 위로 기어다니는 벌레

여려빠지고 야위어 빠진
마음 한구석

강철보다 더한 의지 몸부림

꿈인가 생시인가
뒤돌아 보니

사라져 버린
과거 시간 속

지금

아름다운 정원 밟으며
꽃밭을 바라보는
꽃 한 송이

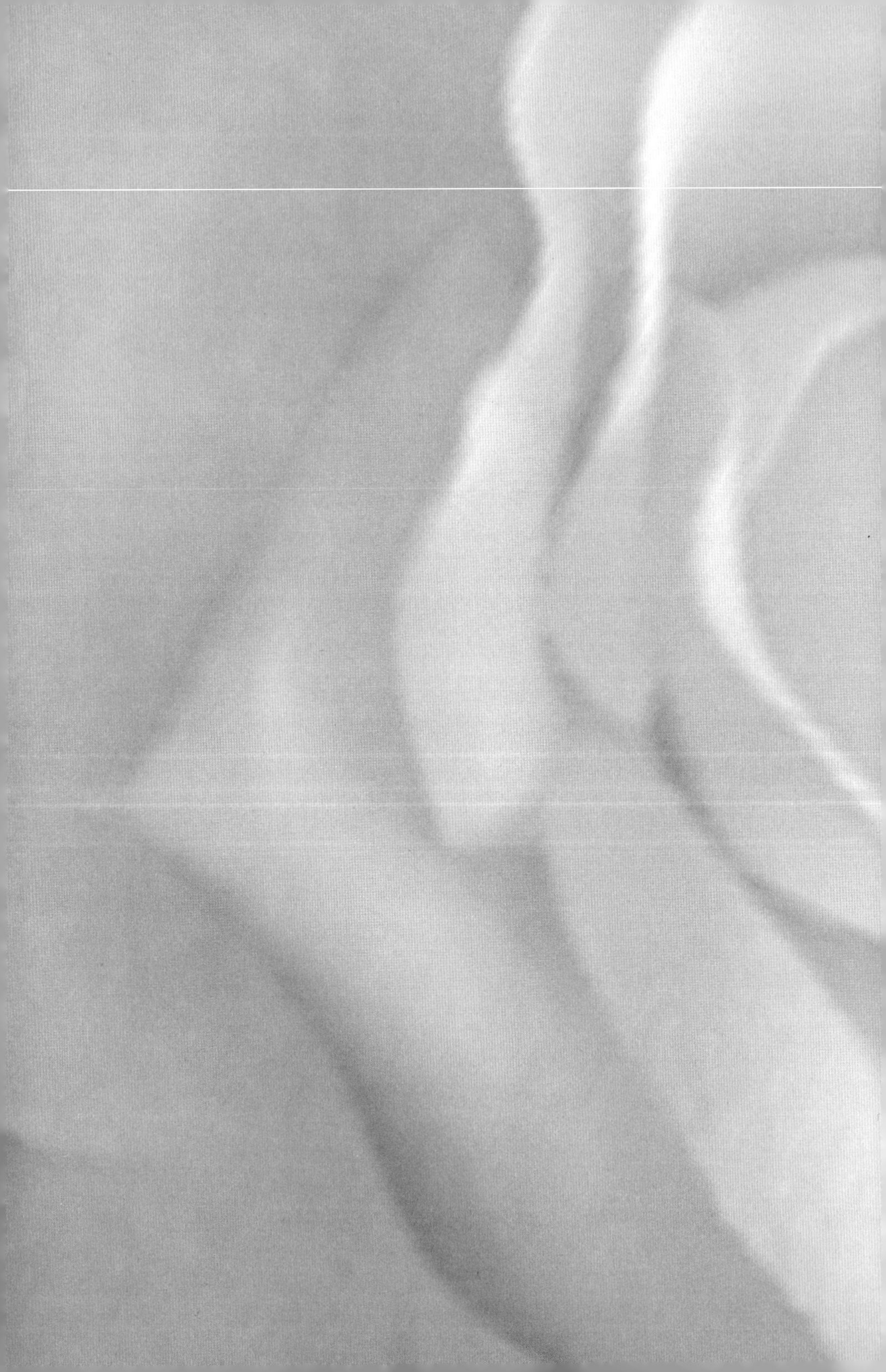

이대형

- 서울 장교동 출생, 임마누엘신학, 중앙총신 졸업, 경기대학원 수료
- 『 문학세계 』 시, 『 문예창조 』 수필 등단, 국제문인협회 회원
- 한국문인협회 회원, 파주문학회 가람동인회 고문, 계수나무 동인회장
- 저서 『 새벽을 깨는 눈빛 』『 창밖에 햇살 』 외 다수

낙엽이 지는 門 옆에서

바람이 물결이
世上 안팎을 휘몰아칠 때

우수수 우수수
떨어지는 낙엽은

이해가 다 감을 알리어
적신호 보낸다
아파트 숲에서

코스모스가 한들거리는 길 옆에서
아이들이 뛰어노는
놀이공원에서
할머니, 할아버지의 의자 옆에서

우수수 우수수
포플러 나무도
은행 나무도
사과, 배, 감 나무도

옷을 벗으면서
올해가 다 지나감을
통신호 보낸다

몸을 불살라 잠이드는 날

바람

어디서 와 어디로 가는지
햇살을 만나보면서
따사로움 품어올 때

시원한 풀에서
한 여름의 파도 소리가 된다

아이들이 신나게 놀때는
가까이와 친구가 되어 주면서
땀내음을 씻어준다

얘들아 부르며
친구되어 놀자고 몸짓을 한다

아가가

방실 방실 아가
눈뜨면
"응애" 신호보낸다

엄마 목소리 듣고 싶어
뒤뚱뒤뚱 걸음마 하다가

아빠 보면 싱글벙글
엉금엉금 기어서 달려가

"어험" 소리에
넘어지고 일어서고
손뼉소리에

두리번 두리번 갸우뚱

소나무

언제나 푸른 숨결 토해 내면서
탁한 공기 마시고
맑은 공기 내뱉고

소슬 바람따라
세상 이야기 들려주고
언제나 변함없이 제자리에서

새들도 만나보고
꽃향기 맡아보고

오고가는 발걸음 반겨주면서
구름만나 보고

삶 속 이야기 들어보고

어느듯 겨울의 문턱이

또 한해를 넘기는 歲月이
歲月이
추위를 몰고와
몸을 움직이게 한다

기계소리가 들녘에 울려 퍼질 때
일손 바쁜 농촌 부부와 가족은
새벽을 머리에 이고
별들을 머리에 이고
동동 걸음 치면서

언제 넘어간지도 모르는 하루가
노을 빛으로 붉게 붉게 퍼질 때
얻은 것도 많고
잃은 것도 많으면서 선잠을 눈비비고 살가운
歲月이
歲月이

기도의 심지인 生命의 젖줄 물고

십자가 등불밑에서
안팎을 정화할 때
한알의 밀알은 썩어서
많은 生命의 씨앗을 움틔우듯
삶의 추구는
기도의 심지인 生命의 젖줄을 물고
깨어본다.
증거와 표받기를 즐기는
세상 뜨락에서
한치 앞을 내다보지 못하고
살아가는 숨결이
세상 기준 버리고
삶의 가치관을 버릴 때
등 위만 바라보지 않고
등 밑도 살피어 보면서
때가 때인지라
자다가도 깨어날 때인데
사랑 안에서 눈빛 띄우지 못하고
덫에 물린 세상살이가

밤이 깊고
낮이 가까워짐을 모르고
영원함을 찾는 날
사라진 자취 안에서
잃어버림을 깨우면서
우리가 살아온 날씨를
점검해 보는 날
너와 나 우리가 살아가는
이 지구 안에서
자전 공간이 돌아갈 때마다
"아차"
한순간을 묻고

아스팔트 길 위에서

아스팔트 길 위에서
태조의 젖줄이 눈물을
흘립니다
이 나라 이 민족의 영원한
번지수가
뒤바뀌 쳐지면서
태종이 닦아놓으신 大地 위에서
박동치는 자손들의 심장이
존재와 의미의 가치에
소스라치게
박동치는 날
태종태세문단세의
맥박이
뜨거워지는 존재 의미의 이유
깨달아오면서
2000년의
문을 두드립니다

조상님들이 걸어온 발자취에서
"왜"
이빨 시린 얼
잘려나간
날씨들이 감전을 일으키면서
송곳니가
어금니가
사랑니가
앞니 윗니가

동네 여인

우물 갓
두레박 나누임으로
샘솟던 女人의 정
풋김치 된장국의
맛이 살아오며
긴 이야기 꽃이
모닥불 피워
파리 모기 쫓던 때
삶을 키워 가던
잔 바람에 고개 들고
콩나물 시루같은 世上으로 밀려
구름을 비로 내리던
사랑
흙 싸움에서
심고 가꾸던 땀방울이
푸짐한 잔치 속에서
움터오던 미소 벗과 밤을 지새우던
고향의 불빛인데

이젠
먼 나들이 되어
그리움의 나래 깃털고
달려오는 열려진 싸립 문간에서
손 잡아주는
기다림으로
갈피갈피 새긴 사연
바람에 실어
창살에 어리는 달 그림자도
해를 넘기고
달을 넘기는
목 마른인데……

빨래

비누거품 같은 世上이 길어

맑은 물로 헹구면
널려 있는 꿈 조각

하나 둘 일어나는
소스라 침인데

밤새 노 젓던
꿈 바다에서

보물 주어 담던 바구니 하나

초록 향 꿈은
하늘 가에서

찌들은 먼지 빨아올리다
헹구다

물빛에 젖어 드는 빨랫줄
삶속에 널린 깨끗함으로

싱싱하게 살아
고운 심성 말린다

트는 소리

부서진 무지개를
손질한다
잠자는 허위의 너울 속에서
난무하는 삶을 보다가
목젖 내려 앉는 갈증
병원 문 앞에서
날아 다니던 바람
맑은 샘물 흐려 놓을 때
추위 탄다
겨울 벌판에서
자꾸만
새순이 돋는 봄날이
삶이 껍질의 숨 가쁨 속에서
옷자락 털어
혼돈의 세상 수렁이
눈부심으로 일어나는 반짝임
한알 작은 밀알이 썩어서
새 생명 트는 소리
언덕 바지서
생의 아름다움이
살아가는 순간

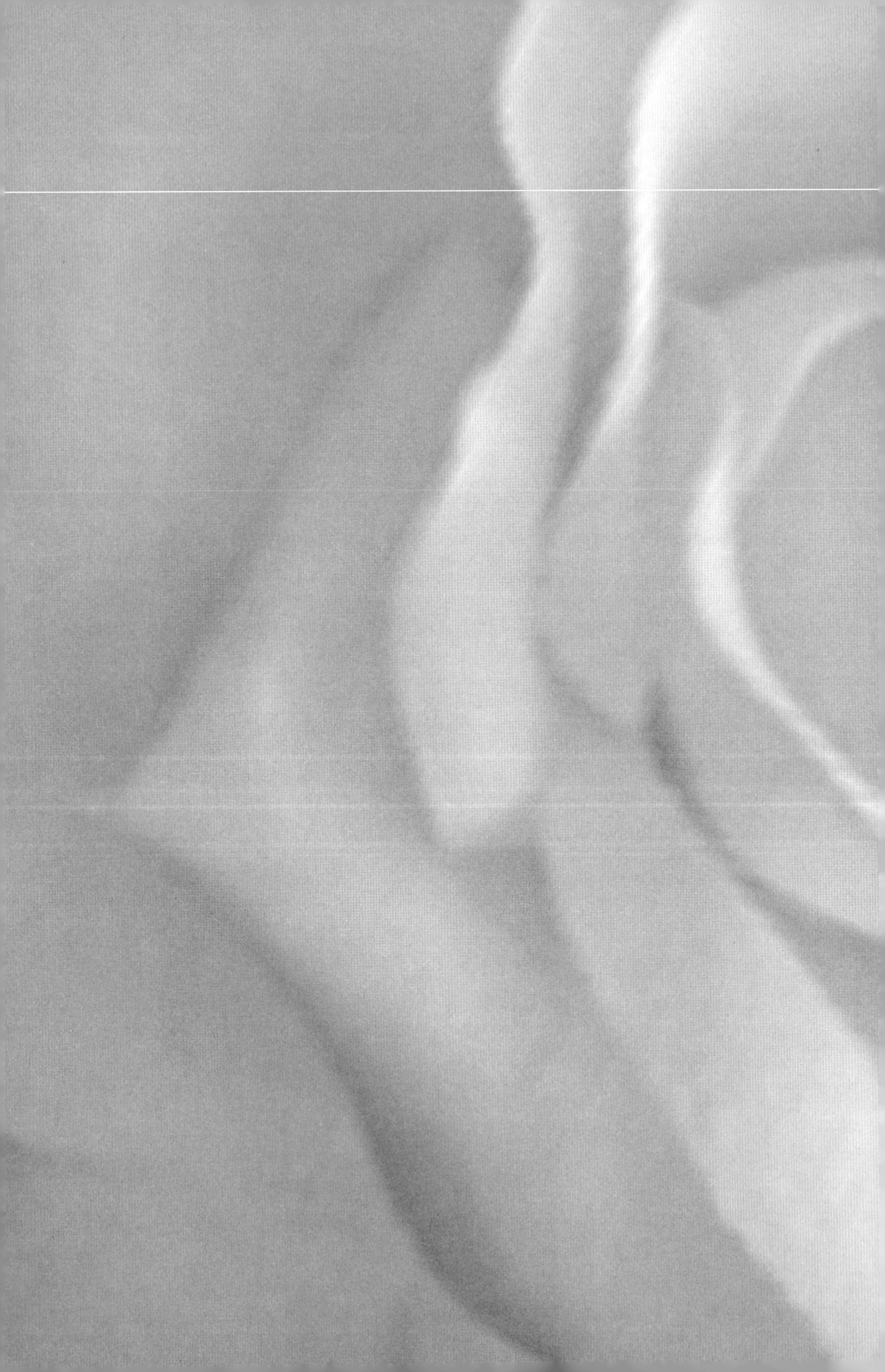

이명희

- 호: 동월(東月), 전북 무주 출생
- 전주상업고등학교 졸업, <국제문예> 시부문 등단
- 한국문인협회, 전북시인협회, 전북펜클럽, 전북열린시문학 회원
- 현)<국제문예> 전북 지회장, 국제문인협회 회원

지우개가로등은 어둠을 지워가고 있다
지우개태양이 지워버린다.

강남(江南), 지우개가로등이 어둠을 지워가고 있다.
시간은 현실을 장착한 거대한 발통 굴리며 암흑을 밀어내고
또 다른 암흑 역사를 뿜어가며 가속 페달을 밟는다.

네온의 또 다른 태양이 떠오르고
연인들은 무작정 연가의 플루트 속으로 파고들고
환상의 색소폰 늪 속으로 휘몰아 간다.
옷 같지도 않은, 속 보이는 조각보 걸치고
진열대 마네킹은 누굴 위해 폼 잡고 서 있나?
미감(未感)의 조명을 받고 유혹하는 창녀야
산등을 타고 넘는 숨찬 미소의 의미는 무엇이냐?
내 너를 안고 싶다만 약골이다.

어느 인자한 자가 오늘 너를 품으면
내일은 또 다른 조각보 걸치고 갖은 요태를 부리며 유혹하겠지.
나, 어리석은 자는 꼬여도 안 넘어간다.
그것은 죽음으로 내모는 것이니, 살인이지.

금빛 알코올 45도
호호한 빛 쏘아 크리스탈에 부딪히는 소리 눈으로 듣는다.
입으로 듣다가 마구 퍼 듣는다.
그리곤 꼬부라진다. 몸이 입이 언어들이 뒤틀린다.
허공으로 솟구치다가 머리통 처박고 통곡한다.
지치면 쓰러진다, 빈 밤을 쓱쓱
지우개태양이 지워 버린다.

염원

땅덩이 1/2, 하늘 1/2, 가족 1/2, 마음 1/2, 모두모두 동강난 1/2

六月이 없었더라면
한 해 1/2인 유월이 없었더라면
南과 北, 東西佰林처럼 이쪽 저쪽 눙치면
어찌 1이 아니 되겠는가?

우리의, 유월이 火傷이 얼마나 깊었기에
이토록 한 맺힌 反感으로 耳順을 넘어 왔는가?

1/2과 또 1/2
不完全하게 결빙된 숫자여!
이 따가운 햇살에 이제는 스르르 녹아
자유로이, 자유로이 합쳐라.

耳順이여!
1이여!
달려오는 古稀여!

봄이다, 소녀들아

화산로* 사람 다니는 한적한 길,
새들의 노래가 하늘창 오선지 위에
콕콕 발자국을 찍고 다니는 오전 한때
하늘대는 나무무늬 썬텐 속에
봄꽃들이 흐드러지게 지저귄다.

벤치에 나란히 앉아 있는 두 소녀
중학생인 듯 잔인한 시험을 치렀는지
O. /로 체크한 시험지 한 장씩 들고
눈동자들이 사뭇 진지하다.

꿈꾸는 꽃봉오리, 그들 피사체에 끌렸다.
버티고*vertigo에 든 소녀들아!
평화로운 이 거리 나도
봄과 함께 희희낙락하고 싶구나.

* **화산로** : 전주시 중화산동에 있는 거리
* **버티고** : 비행사들이 밤에 거꾸로 비행할 때 바다에 있는 선박들의 불빛들이 별과 바다가 하늘로 착각하는 현상. 이 Vertigo 현상 때문에 가끔 사고가 난다.

??????!

바위에게 다가가
“바위야, 네가 되고 싶은데…
네가 되게 해줘, 부탁해”
침묵으로 대답이 들려온다.
“안돼, 너는 바위가 될 수 없어
너는 내가 되지 않아
나는 네가 되기 싫거든
너는 너이고 나는 나일뿐이야”
그는 원시의 원시를 고집하고 있다.
그리고 귀를 막았다. 돌아앉았다.
????

나는 다시 돌아가
“바위야, 네가 되게 해줘. 제발”
끌어안고 애원한다. 심장으로 들린다.
“안돼, 너는 바위가 될 수 없어.
너는 눈과 귀와 입과 코가 있는 머리를
잘라 낼 수 있어?
네 심장을 도려 낼 수 있어?
네 팔 다리를 털어 낼 수 있어?
네 몸에 다닥다닥 붙어 있는
치장들을 떼어 낼 수 있어?”
?????????????????????????!

당신

윙크하네 저 달이 윙크했네
보름에 활짝 웃는 달꽃으로
살갑도록 그리움을 피운이

사과 속 바다

사과 한 입 아삭 깨물자
속살 성근 바다의 상처가
입 안 가득 솟구친다.

저 이글거리는 눈부신 심장의 맥박짓에
미세한 혈류를 따라온 바다를
정수기에 담는다.

그 바다가
햇살, 공기 따갑도록 숙성시킨 밤낮
소금 아닌 달콤하고 새콤한 향기로
사과 속에 채운다.
우주를 채운다.

사과를 상처내고 보니
그 우주에
내가 들어 있다.

잿빛 숲의 솔 이야기

산이 산을 보며 손짓하며 천년의 숲 산짐승들과 별빛 돋우어 달빛 지도록 도란거리다가 덮어주며 잠든 한 이불 속에 피어오르는 하얀 구름 못났어도 그렁그렁한 행복들이 애처로이 눈물강 흐르는데 손톱 발톱 세울까 잘리고 죽일 돼지처럼 발 묶이고 손 묶이고 주둥이마저 묶여서 왔는데 그렇게 내 자유를 잘리고 우악스럽게 왔는데… 왔는데 도주할지 모를 나를 자결할지 모를 나를 눈코조차 매연을 풀어놓은 허공에 붙잡아 두고 근간을 콘크리트 속에 짓밟아 넣고 두 팔 꽉 붙들린 채 목이 개줄에 매였는데… 그러다가 그러하다가 망각하고 그만 어쩌면 나 닮은 잿빛 새와 매미 소리에 푸른 빛이 들어왔다. 전야에 빛 합성 질러대는 상제리아 스카프 두르지 않아 다행이다 고향이 어딘지 모를 부부夫婦가 재 울음 놓고 와서 아스콘새가 되어있다.

낙조落照(夕陽)

너의 주체 못할 변신을 어떡하나
저 팔딱거리는 빨간 사과
콱! 한번 깨물어 볼까?

고혹(蠱惑)*의 구름 한 자락 살짝 물고
몸부림치는 바람난 립스틱
콱! 저걸 어째?

발기된 속살 알알이 견디지 못해
확 제치고 자위하는 저 석류
콱! 그냥 어이구.

카사노바가 한 번 돼보렴
그러면 당신이 세상에서 가장 멋쟁이야
흑! 튜베로우즈.*

산초를 거느리고
보무도 당당한 돈키호테여! 표적을 향해
휙! 돌진 해봐.

늦기전에

* **고혹(蠱惑)** : ① 마을을 호리어 쏠리게 함 ② 남을 꾀어 속임 蠱 – 독. 악기. 벌래
惑 – 미혹할. 의심하다. 미혹되게 하다. 정신이 헷갈리게 하다.
* Tuberose : 月下香 꽃. 맥시코 원산. 꽃말 – 위험한 쾌락. 향이 강하여 향수로도 쓰임

할머니는 · 1

해를 줍는다.
해가 눌러앉아도
해가 눌어붙어도
바람에 해가 쓰러져도
심술 먹은 비가 내리는 날에도
눈보라 설설 물팍(무릎)으로 오는 날에도
해를 줍는다.
그렇게 주어다 주어다.
탑을 쌓고 쌓다 가셨다.
지금은 한줌 흙으로 그 언저리에
할미꽃을 피우신다.

할머니는 · 2

별을 줍는다.
별이 쓸려가도
쓰러진 풀잎 신음해도
별이 잠든 하얀 바다에도
가신 임 미움이 사린 자리에도
바늘이 쿡쿡 뼛속에 쑤시는 날에도
별을 줍는다.
저렇게 주어다주어다
탑을 쌓고 쌓다 가셨다.
지금은 한줌 흙으로 그 언저리에
할미꽃을 피우신다.

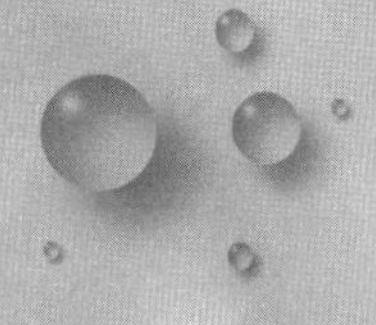

이응민

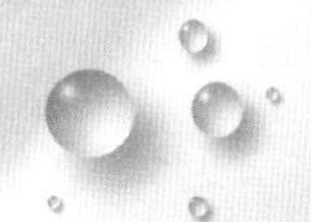

- 목포 사범, 한국방송통신대학 초등교육학과
- 푸른기장 금상수상 (전국교육연구발표대회 사회과)
- 푸른기장 금상수상 (전국교육연구발표대회 특수교육)
- 모범교육공무원표창, 연공상 국민훈장동백장수상
- 서울북부교육청 정년 퇴임
- 『국제문예』 시부문 등단, 국제문인협회, 한국문인협회 회원

뜨거운 가슴으로 보다듬자

같은 하늘 아래
같은 땅 위에 함께 살아온
피를 나눈 형제들인데
긴 세월 분단된 민족으로
실타래처럼 얽히고 설켜
핏대 세워 서로 네탓 내탓 싸움질로
반세기를 훌쩍 넘긴
겨레의 아픔 고통을
이대로 끌고 가기엔
겨레의 한이 너무나도 크구나!

긴 세월 동안 쌓인 한도
냉전이 남긴
불신의 높은 파도도
이젠 우리 모두 함께 뛰어넘어
서로의 허물과 아픔을 덮고
넓고 뜨거운 가슴으로
겨레의 고통과 아픔을 보다듬는
뜨거운 민족애로
풀어야 한다 풀어야만 한다

가슴이 넓은 자가
먼저 가슴을 열어야 한다
곳간에 쌓아둔 것 많은 자가
먼저 조건없이 아낌없이
빗장을 풀어 베풀어야 한다
명분과 실리를
뛰어 넘는 후덕함이
깊게 파인 민족분단의
아픔과 상처를 아물게 한다

우리는 이젠
질기고 억센 이념의
질곡과 곡류를 넘어
우리들의 염원 통일을 위해
둘이 아닌 하나가 되어야 한다
진정으로 하나가 되어야 한다

겨레의 큰 스승이어라

— 선배 퇴임식날에

푸른 꿈 높은 이상
가슴에 안고
사도의 가시밭 길
두드린지 반백년
피 말리는 아픔들을
고비고비 넘기시고
영예롭게 맞는 퇴임식
자랑스러워라
겨레의 큰 스승이어라

넓은 가슴 열어 놓고
절해의 고도
산간벽지 마다 않고
얼룩지고 닫힌 가슴
달래고 어루만져
이 겨레 이끌어 갈
큰 별들로 키우셨네
존경스러워라
겨레의 큰 스승이어라

피땀 흘려 뿌린 씨앗
꿈 타고 높이 날아
고을고을 온 누리에
큰 별 되어 빛나리니
불사조의 스승이어
먼-훗날 예서제서
소리높여 외치리이다
영광스러워라
겨레의 큰 스승이어라

사랑하는 내 사람아

떨리는 손 마주잡고
무지개 꿈 그렸던 날이 엊그젠데
어-언 고희 라오.
돌아보면 굽이굽이 넘었던 고갯길
작은 행복에 눈시울 적시었고
사연 많은 가슴앓이에
한 마디 원망도 없이
헌신의 미덕으로 감싸안았던 당신
세월의 주름만 늘었네요.

장밋빛 행복의 꿈을 가꾸며
행운의 별을 세든 나날들
곱다는 칭송에 겸손했고,
사모님, 어설픈 존칭 앞에
옷깃을 더더욱 여미었오
이 못난 사람 위해
온갖 정성 다 바친
여보 당신께 하고픈 말
이 세상 그 누구보다도
사랑해요 사랑합니다.

하나님 뜻따라 살려고
이웃의 아픔에 먼저 손 내밀고
궂은 일 도맡은 겸양지덕은
世守友愛 전통 지키었오.
하나님께 매달렸던 금식 기도는
구원의 길로 가족을 인도하였오.
여보 당신께 하고픈 말
이 생명 다 하는 그날까지
사랑하리라 사랑해요
그 한 말 뿐이라오.

뒤늦은 후회
— 아버님 추도식날

낙도 신안 섬놈이 용꿈을 꾸어
선생님 발령을 서울로 받아
재상 자리 하나 쯤 얻은 것 처럼
자랑하며 기뻐하시던 아버님 모습
오늘도 그 모습이 눈에 선하여
빛바랜 사진첩을 꺼내 봅니다

금년 농사 잘 지어 풍년이 들면
서울에다 집 사주마 다짐 하시고
밤낮으로 농사일에 정성 쏟다가
몹쓸놈의 병마를 이기지 못하시고
뜻 못 이뤄 눈 못감고 떠나가신
가이없는 자식 사랑 어찌 잊으리오

아버님 떠나신 뒤 몸부림 쳐봐도
그림자 조차 뵈올 수 없는 아버님 모습
살아생전 정성다해 섬겼더라면
뒤늦은 후회할 일 없었을 것을……
불러보고 통곡해 봐도 메아리 일뿐
두 손 모아 마음 다해 명복을 빕니다

호국의 성지 강화도

한강, 임진강 하구에 위치해
천혜의 경관이 수려하고
중요한 요충지에 위치하여
선조들의 땀과 피와 눈물로
얼룩진 호국의 성지로
볼거리 먹을거리 놀거리가 많은
자연과 역사가 숨쉬는 관광지다.

멀리는 몽고, 청나라와의 항쟁
근대에는 열강들의 틈새에서
크고 작은 변란으로 인해
나라가 요동칠 때마다
수난의 역사를 그대로 담아
민족의 얼과 기상이 깃들어 있는
국난 극복의 산 교육장이다.

멀리는 단국 성조에서 근대에 까지
조상들의 고난의 발자취가 남아 있는
산 역사의 현장으로 볼거리가 많고
청정지역 농수산물이 풍성하여
먹고 즐길거리가 넘치는 고장
체험 학습의 장이 널려있어
다양한 관광을 즐길 수 있구나!

그리운 어머니

모진 가난 벗으려고
주린 배 졸라 매고
찬 이슬 길 털어가며
손 발이 다 닳도록
비가 오나 눈이 오나
논 밭길을 헤매시던
그 모습 애처러웠어라
사랑하는 그리운 어머니

가난해 못배워 못이룬 꿈
유산으로 넘겨줄 순 없었기에
힘든 유학길 열어주고
새벽길 정한수 떠다놓고
큰사람 큰꿈 이루기를
두 손 모아 칠성님께 빌고빌던
그 모습 그리워라
사랑하는 그리운 어머니

오늘이나 소식 있을까.
내일이나 기쁜 소식 올까
매재고개 바라보며
금의환향 할 그 날들을
학수고대 기다리다
꿈 못이뤄 한숨짓고 돌아서던
그 모습 애절하였어라
사랑하는 그리운 어머니

막가는* 공화국

국호에서부터 인민을 기만한 정권
조선민주주의 인민공화국……?
21세기 대명천지 세상에서
3대 세습 왕조가 왠말이냐?
인민들의 지상낙원이라고
외쳐대던 날들이 엊그제인데
반인륜적 인권탄압, 억압과 공포 속에
굶어서 떼죽음에 아비규환 소리
마음 아파서 들을 수가 없구나!

눈만 뜨면 꿈에도 소원은 통일 구호.
입만 열면 우리 민족끼리 앞세우면서
의식 없고 분별 못하는 막가는 소행
횟수 조차도 헤아릴 수 없는 만행을
KAL858기… 아웅산 암살폭파…
최근에 저지른 천안함 폭침사건
민족앞에 씻지 못할 죄 저질러 놓고도
눈감고 오리발 내미는 치졸한 망동에
온 민족을 분노의 전율에 떨게 한다.

북한 독재 집단은 수령 절대주의에 잡혀
남북 체제 경쟁에서 완패하고
경제적 파국으로 벼랑 끝에 내몰려
국가의 존망이 기로에 서있게 되었다.
굶주림과 억압통치에 절규하는 우리 동포를
언제까지 처참하게 내동댕이 칠 셈인가?
『정권은 유한하되 민족은 영원하다』
오직 개방, 개혁, 비핵만이 너희들
살길임을 알아야 한다. 깨달아야 한다.

* **막가다** : 막되게 말하거나 행동하다.

흑산도

수평선 너머 저-멀리
목포 서남쪽 바닷길 이백오십리
망망대해 한가운데 불쑥 솟아있는 섬
검푸른 파도만 천만번 밀려들고
철따라 철새들만이 쉬어가는 곳
한 많은 귀향살이 고뇌에 젖어
푸르다 못해 검게 타버린
검은 섬 흑산도가 되었구나!

개발의 망치소리 높던 오륙십년대는
서남해 어업 전지기지로
조금* 때는 홍청대는 파시*가 열리고
사나운 풍랑과 힘겨뤄 싸움질 하다
심신이 쇄진해진 어부들이
주안상과 여인들로 심신을 달래느라
불야성을 이뤄 홍청망청 대던 섬
되돌림 없는 지난 세월이 아쉽구나!

구절-양장 험한 산길따라
홍도가 내려다 뵈는 상라봉에 오르니
끝없는 바다위에 물안개가 피어올라
흰 융단을 깔아놓은 듯 포근함에 잠기고
상라봉에서 맞는 일몰의 장관은……
낙조에 드리운 하늘빛의 풍광을
그대로 다 담아놓은 바다는 온통
장엄하고 화려한 선연한 핏빛이구나!

* **조금** : 바닷물이 가장 낮게 들어올때의 밀물
* **파시** : 고기가 많이 잡히는 철에 바닷가에서 열리는 생선시장

환상의 절경 紅島

수평선 너머 저-멀리
외롭게 떠 있는 붉은 섬
억겁년이 흐른 세월 속에서
신공(神工)들의 혼을 모두 담아서
쪼개고 깎고 다시 다듬어
형형색색의 奇巖妙石으로
천태-만상의 조각공원을
황홀비경으로 꾸며 놓았구나!

출렁이는 쪽빛 파도 위에는
신기한 형상을 이룬 기암괴석들을
바다 물 속까지 담아 놓은 紅島요
아스라-히 깎아세운 벼랑에는
신기(神技)부려서 아슬아슬하게
세워 놓은 상록수들은
한폭의 걸작 산수화가 되어
빼어난 신공들의 기교(技巧)에
아! 아!
탄성 소리가 절로 터져 나온다.

끝이 없는 비취빛 바다 위에는
바람, 파도, 암석들이 힘을 모아서
빼어난 신기부려 만든 작품들
도승바위, 병풍바위, 남문바위……
보석처럼 흩어 뿌려놓아
환상의 홍도 33경을 절경으로 이뤄놓고
기기묘묘한 신비로운 작품들마다
애틋한 전설들을 담아놓아
찾아드는 수많은 관광객들의
심금을 울리게 하는구나!

새해에 띄우는 소망

밝아오는 희망의 신묘년에는
공직자들이 공직윤리 정신을 진작시켜
밝고 맑은 투명한 사회를 이루어
따뜻하고 정의롭고 공의로운 사회로
온-겨레가 한마음 하나가 되어
기본이 바로 서고 상식이 통하는 나라 되어
국격을 온 세계에 드높이는 선진국이 되었으면……

밝아오는 희망의 신묘년에는
선량들이 당리당략에 매이지 않고
정치문화의 선진화를 이루기 위해
대화와 타협과 설득의 관행을 세워
다수결에 승복하는 법치 구현으로
극한투쟁 난동국회가 사라져
국민들의 정치 불신이 아주 사라졌으면……

밝아오는 희망의 신묘년에는
'덜 일하고 더 받겠다고' 떼쓰는
勞使가 양보없는 과격투쟁으로 인한
막가파식 폭력시위가 사라지고
使는 투명한 경영으로 신뢰를 쌓고

勞는 품질개선 생산성 향상운동으로
相生하는 성숙한 노동운동으로 바뀌었으면……

밝아오는 희망의 신묘년에는
치졸하게 탈세와 탈루를 일삼는
반사회적 악덕 기업가들이
천박한 졸부들의 근성을 벗어버리고
신성한 국민의 납세의무를 깨달아
사리사욕을 떠난 기업가 정신으로
사회적 윤리적 기업가의 책임을 다했으면……

밝아오는 희망의 새해에는
국민들의 눈과 귀를 속여가며
사리사욕을 채우기에 혈안이 되어
불량식품을 생산, 수입 판매하는
반인륜적 사악한 장사치들은
이 땅위에서 영원히 사라져
불량식품이 없는 건강한 나라가 되었으면……

아! 아픈 가슴으로 밝은 미래를 위해
새해의 소망을 띄웁니다.

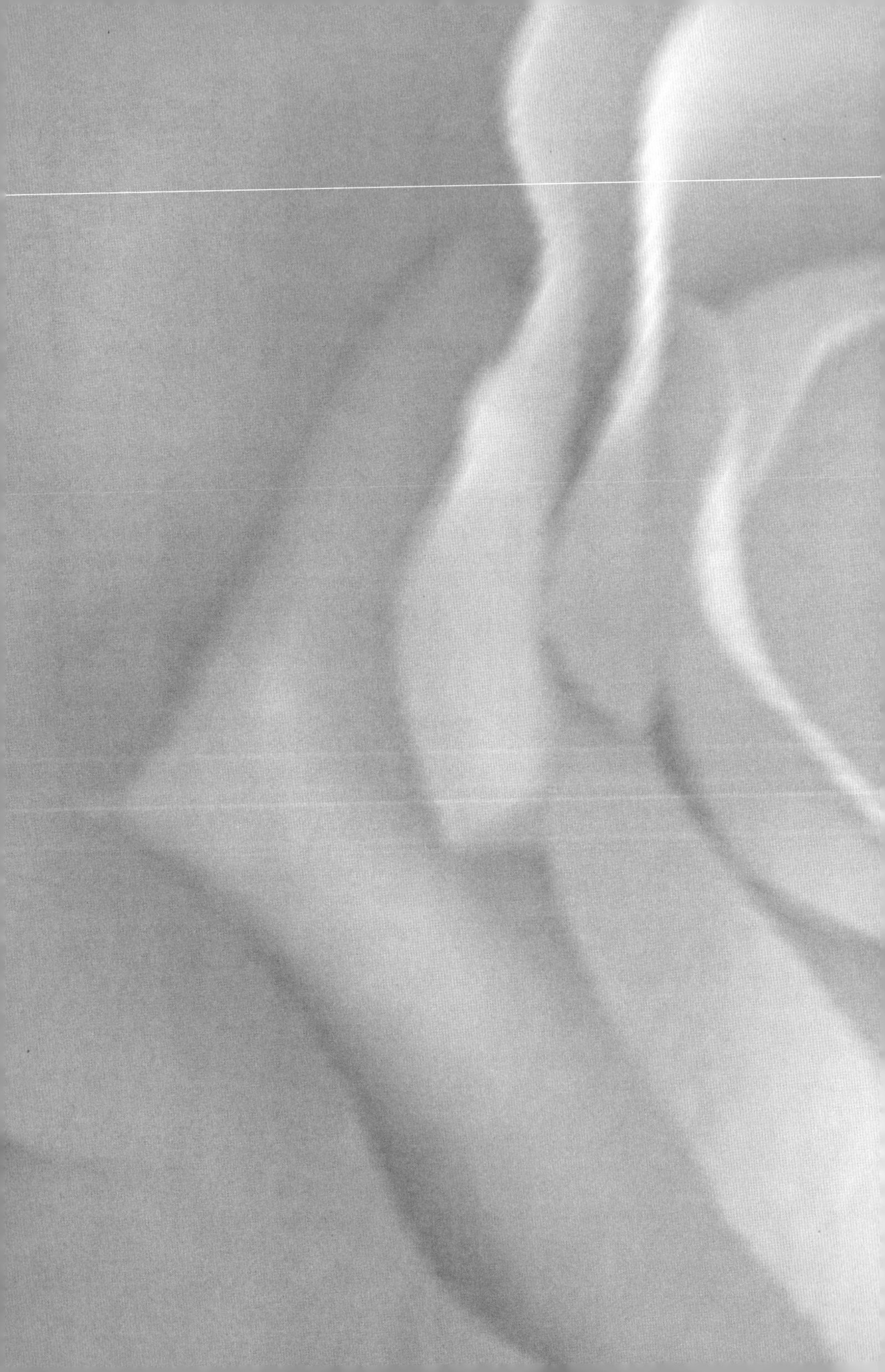

전병인

- 경상남도 의령 출생
- 국가공무원 봉직 후 퇴직
- 『국제문예』 시부문 및 수필부문 등단
- 현) 고려기업 대표, 국제문인협회 회원

가을밤

빈 가슴에 낙엽 쌓이고
추억이 파도처럼 밀려와
꿈처럼 헤매는 밤

다정스레 띄워준
친구의 시 한줄 에
여린 가슴이 눈물 흘린다

낙엽은 떨어져 뒹굴고
대롱대롱
남은 잎새하나가
외로이 떨고 있을 때

밤의 적막과 나의 한숨은
방울방울 이슬 되어
달을 비춘다

휭 하니 불어오는 바람에
심장마저 시려오는
스산한 가을밤이
울고 싶도록 쓸쓸하다.

타는 가슴

하늘이 더 높고 푸른 것은
가을 하늘이기 때문일 것이다

산야가
황홀 하게도 붉게 타는 것은
가을이 깊어가기 때문일 것이다

내 마음이
설레이는 것은
그대가
내 마음 속에 있기 때문일 것이다

내 가슴이
타는 것은
그대가 아직
내 손을 잡아주지 않았기 때문일 것이다.

고향집

조랑 박은 조랑조랑
담장 넘어 걸려있고
흥부 박은 덩그러니
지붕위에 놓였는데
텅 빈 이 마음은
어디에다 내려놓나

텃밭의 고추가
붉은 물을 들였는데
앞 뒤뜰 감들도
붉은 물을 칠하는가
석류가
붉은 이 내밀고 오만을 뜬다

그리운 사람아
울고 싶도록
아름다운 이 가을
지금은 뉘 있어
텅 빈 가슴 채워주랴

가을아
나에게도 걸맞은
색칠을 해다오.

눈(雪)을 보면서

눈은 인정이 많은가 보다

벗은 나무 추울라
동상 걸릴라
솜꽃 되고
가지마다 감싸 주니까

파르라니 떨고 있는
낙엽 시릴라
포근히 이불 되어
덮어주니까

눈은 나를 참 좋아하나봐
감기 들라 기침할라
외투 되어
포근히 감싸주니까
산책길도
출근길에도

눈은 마음도 너그럽나봐
밟고 가는 사람까지
감싸주니까

나는 눈을 만져주고
눈은 나를 앉아준다
눈은 나하고 참 친하다
세상 모두랑 친하다.

그런 사람을 사랑하자

새벽어둠 밀치고 해 오를 때
벗고 시린 오리나무 틈새로
티 없는 맑은 가을 하늘을 본다
새로이 떠오르는 햇살이 눈부시다

암울한 시절 내게 보내준
한 점 구김 없이
저 하늘 보다 더 맑고 고왔던
그대 미소를 그려본다

어둠을 모르는 사람을
사랑하지 말자
촛불 같은 사람을 사랑하자

어둠에서의 빛은
더 밝고 눈부시다
어둠 속에 있음으로
빛의 소중함을
밝은 세상의 소중함을
더 절실히 느낄 수 있음을 발견한다

암울한 어둠속에서도
나보다 힘든 사람을
웃으며 위로할 줄 아는
나의 슬픔을
한 방울 눈물로 함께 할 수 있는
따뜻한 가슴을 사랑하자

그런 사람을 사랑하자.

다람쥐 추수 하는 날

오늘은 다람쥐 추수 하는 날

한 점 티 없는 파란 하늘을 이고
황홀하도록 아름다운
꽃단풍을 수놓은 북한산
졸졸 조로록 계곡물 소리도 간지럽다

줄무늬 다람쥐 부부가
볼 주머니에
도토리를 가득 채우고
겨우살이 준비로 분주이 오가는데

바위틈새 한 그루
눈부시게 아름다운
빨간 꽃단풍 나무아래
애기 다람쥐
꺾어질라 아슬한 두 손 모우고
도토리를 깨무는 입이 앙증맞다.

매듭달 (12月)

풋풋한 겨울 향기가 그리워
서늘한 기운에 옷깃 여미며
집을 나선다

산등성
은빛 억새가
초라해진 자신을 감추려
애쓰는 모습이 애처롭다

미틈달
알싸한 바람에
상큼한 냄새가
코끝을 간질이는 주말 오후
산등성 돌아 고즈넉한 찻집에서
모락모락 풍기는 커피향이 세월을 묶는다

미틈달도 두 손을 못 채우는가
또 허망이 매듭달을 보내는가

설핏 잠든 밤
세월 가는 소리에 빈 가슴이 시리다.

백제의 혼

고란사 종소리가
백마강 물결보다
잔잔하고 은은히 심금을 울린다
삼천궁녀의 한을 담아 운다

황산벌에서 불어오는
계백의 혼을
십팔만 나당연합군을 맞아
분연히 싸워 전사한
결사대의 한을 담아 운다

네 번 죽이고
한번 죽어간
계백의 오천결사대
그 함성은
영원히 살아
칠백년 백제의 소리로 들려온다

낙엽도
낙화암으로
백마강으로
삼천의 궁녀보다
더 많이 몸을 날린다
그날의 한을 재현한다

오천 결사대를 부른다
백제의 혼을 부른다

서툰 기도

아가를 주시옵소서

할아버지는 아가를 기다린다
하느님, 천주님, 천지신명 부처님, 조상님과
부모님 무덤에서도, 제왕님 전에도
간절한 기도를 한다
애원한다

아가 오는 소리가 들린다
아가가 온다
아가가 왔다
아가가 웃었다
선녀다, 천사다

애절한 기도는 헛되지 않는다
하늘이시여
천상천하에 모든 신이시여
영명하신 나의 조상님이시여
감사합니다
고맙습니다

할아버지는 또 서툰 기도를 한다
기왕에 내리신 아가가 예쁘게 건강하게
행복한 한 삶을 살게하여 주옵소서
보살펴 주시옵소서
비록 서툴긴 하지만
간절한 이 기도를 또 한 번 들어 주시옵소서.

해밀 녹두빈대떡

주적주적 비는 만추를 재촉하고
어둠내린 도심 길모퉁이에선
유별스레 구수한 냄새가
고픈 길손의 후각을 시험한다

어– 이거 빈대떡 냄새 아냐
야– 좋구먼
출출한데 막걸리 한잔 하고 가지
동무한 길손이 장단을 한다

응, 비오는 날엔
빈대떡에 막걸리가 딱 이지

어서 오이소
왁자지껄 취객들의 주정 소리에 담아
들려오는 마담의 사투리 인사가
빈대떡 내음 만큼이나 구수하고 정겹다

허겁지겁
먹고 마시던 길손은
눈앞의 빈 접시와 막걸리 잔을 보며
으응– 냄새가 좋더니 맛도 참 좋구먼

해밀 녹두빈대떡이라
마누라 대리고 가끔 와야겠구먼
여기 빈대떡 하고 막걸리도 더 주시고
우리 갈 때 포장 하나씩도 해주셔요

두 길손은 어느 사이 취객이 되어
마담이 건네주는 포장 빈대떡
하나씩을 들고 비틀비틀 문을 나선다

고맙십니더
조심해가시고 또 오이소이

손에든 녹두빈대떡 냄새와 함께
구수한 마담의 인사말이
코와 귀를 따라 나선다.

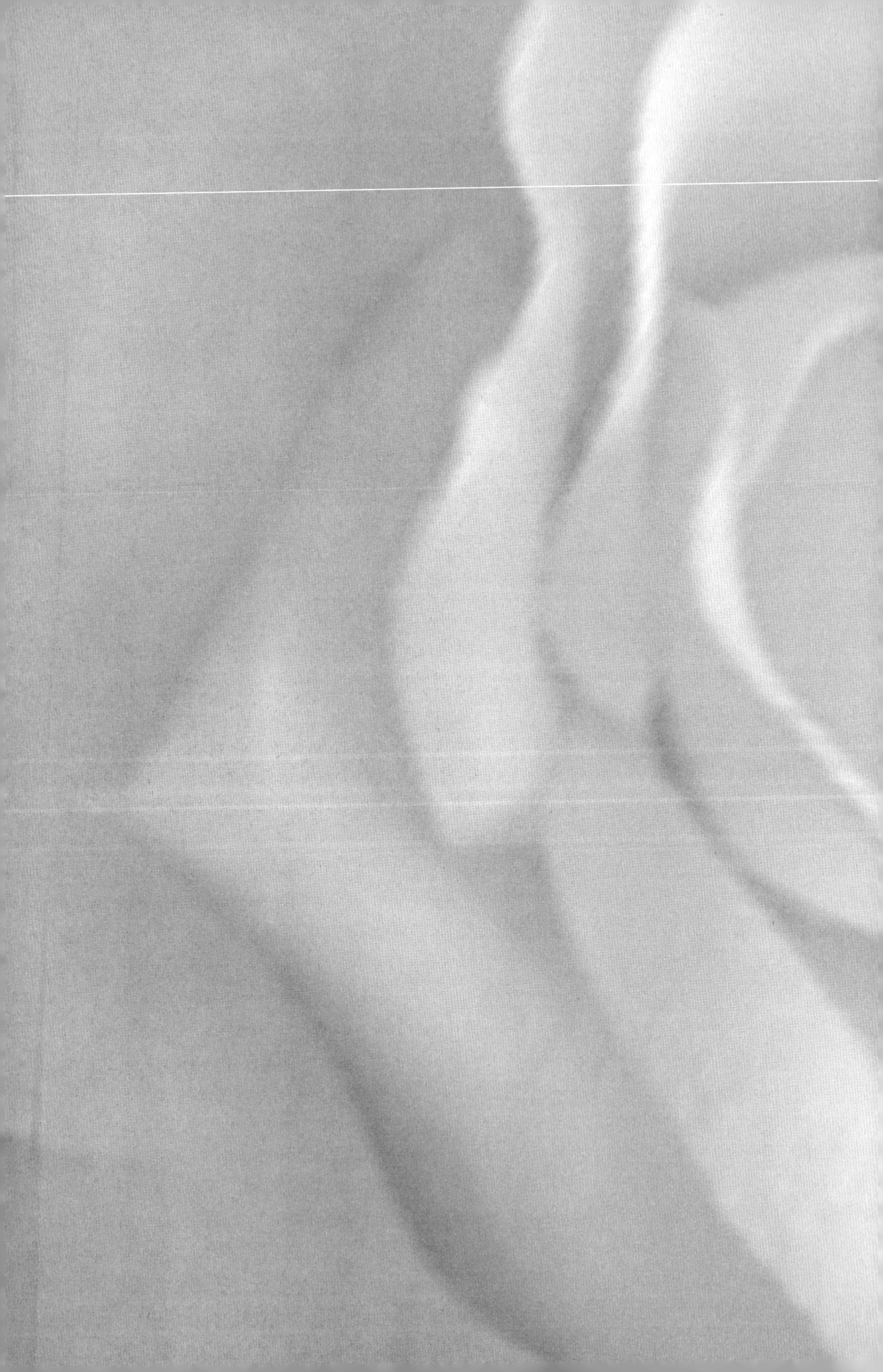

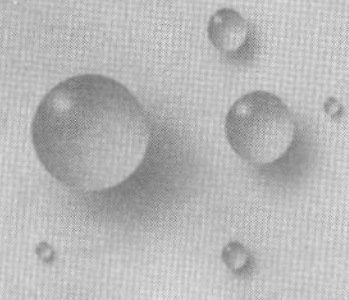

조관연

- 고려대학교 농학과 졸업
- 『 문학공간 』수필, 『 국제문예 』시부문 등단
- 중앙중학교 교감 정년 퇴임, 국제문인협회 회원
- 문교부장관상, 농림부장관상, 국민훈장 석류장 수상
- 저서 『 오늘은 축복입니다 』『행복이 머무는 곳』 등 다수
- 현) 마오리신학대학 이사, 『국제문예』 편집위원

구름 같아라

저 푸른 저 하늘에 뭉게구름
예쁘다 바라보는 순간
어느덧 사라져 보이지 않네

사라진 그 예쁜 구름 모습
다시 오지 않는 것이 하늘의
이치 아니더냐

우리의 곱고 귀엽던 예쁜 얼굴도
구름인 듯 사라져 돌아올 수 없으니

우리 인생 허무함도
그와 같아라

보고 싶은 어머니

애타도록 그리운 나의 어머니
보고 싶은 어머니 우리 어머니

엄동설한 치마폭에 감싸주신 어머니
무엇으로 갚으리까 그때 그 사랑

가슴 치며 후회해도
돌이킬 수 없는 세월

어머니의 사랑 속에 자라던 그 시절
이제 와 생각하니 행복이었어요

이 자식이 잘 되라고 당부하신 어머니
잊을래야 잊지 못할 그때 그 말씀

가슴속에 간직하고
눈물 흘립니다.

고향 하늘 보름달

정월 대보름날 고향 하늘에 보름달이
쟁반같이 둥글게 떠오르네

그 옛날 어린 시절 저처럼
고향 하늘 저 달이 떠오를 때면

우리 할머니는 무를 깎아
들기름 부어 만든 촛불로 사방을
밝혀 놓고 기도하셨지

두 손이 다 닳도록 비비시며
빌으시던 할머니 옛 모습이
저 달과 더불어 내 마음에 떠오르네

오늘의 우리집 서산댁의 축복이
자손 사랑 유난하셨던 할머니 기도의
응답이라 생각된다

내 고향 보름달은 할머니 사랑 추억
가득 담고 둥글게 떠오르네

중학교가 최고의 학력으로 아셨던
할머니는 어린 나를 안고 업고
저 달을 바라보시며 말씀하셨지

가냘픈 이름 모를 새싹

미풍에서도 중심 잡기 어려울 이름 모를 새싹 하나
내가 기르는 화분 모종 옆에 자리하고 새싹으로 일어서려
하는구나.

너는 작년 가을 어미 품을 이별하고 그 추운 겨울 추위
용케도 견디어 내고 여기 내 모종 옆에 자리 잡고 희망이
넘치는구나.

이름도 성도 모르는 너 새 생명 당연히 불법 침입자 잡초로
판정받아 제거가 당연할 것이지만

너의 의욕과 용기가 가상하여 네게도 물과 거름 나누어
먹여 가을의 네 모습을 확인하려 한다.

받은 복을 헤어 보아라

욕심꾸러기 너 인생들아
너는 왜 행복의 눈을
감고 사느냐

네가 받은 복을 헤어 보아라
너는 행복을 노래하며 살아야 하리라

너를 자염(慈念)하시는 부모가 계시고
부부 아들 손자 며느리 그리고
수족 같은 형제도 있지 않더냐.

물어보자 너는 왜 불만하느냐
끝없는 행복의 주인공인데도 말이다.

네 마음 속 끝없는 탐욕이 원인이였구나
밑 빠진 항아리는 아무리 퍼부어도
채워지지 않는 법

지금 당장 우리의 마음속 탐욕(貪慾)을
버리자구나. 그리하면 복에 파묻혀 살고 있는
나의 모습이 보여 지리라.

우리가 걸어가는 이 길은

당신이 지금 걸어가고 있는 인생(人生)길 그 길은 초행(初行)길이요 또 다시 되돌아 걸을 수 없는 외길입니다.

이 길의 출발점은 모태(母胎)임은 알지만 내 길의 종점은 몇 리 길인지 모르며 걸어가는 길입니다.

이 길을 먼저 걸어가신 선인(先人)들 말씀에는 하루길 소풍(消風)길 같은 너무 잠깐의 짧은 길이라 합니다.

사랑을 나누며 오순도순 즐기며 살아가기도 모자라는 이 소중한 짧은 길을 걸으면서 왜 그렇게 미워하고 고민하고 근심하며 살아야 합니까.

우리가 이 길을 걸으며 분수를 모르는 탐욕이 사탄이 파놓은 함정에 빠지기 때문입니다.

우리 서로 마음을 비우고 사랑을 주고 받으며 용서하면서 즐겁게 살아가는 인생(人生)길이 되어야 할 것입니다.

세월 열차

나를 태운 세월 열차
쉬지 않고 고장도 없이
잘도 달려가네.

지나온 세월 저 너머
굽이굽이 기억들이
주마등 같이 떠오르네.

가방이나 있었던가
보자기에 책을 싸서
등에 두르고

초등학교 등하교 길
소나기 사이 길도 즐겁기만
하더니만

세월 열차 저 너머 달리던
사이사이 내가 아비 되어
자식 길렀고

이제는 자식 또한
자식 나서 기르고 있네.

늙음(老)

내 말 좀 들어 보게나.
늙음이라는 단어가 나와는 무관한 것으로
알고 살아 왔다네.

그런데 어느 날 무심코 내가 나를 보니
내가 그 주인이 되고 있지 않았던가.

늙음의 의미를 곰곰이 생각해 보았다네.
늙음이란 인생길 종착역에 가까운 인생을
모시는 가마였었네.

이보게나 젊은이 자네도 늙어 보게나
서러운 게 한 두 가지가 아니라네.

하루에도 열 번을 허리, 다리, 어깨, 무릎아
구령을 부르며 살아가야 하는 것이 늙음이였네.

이건 정말인데 나만 늙고 갈 터이니
자네는 늙지 말게나.

너의 눈을 돌려보렴

저 멀리 수평선까지 바라볼 수 있는
너의 밝은 눈이

네 눈 바로 밑 코와 입은
바라볼 수 없었구나.

그래서 가까운 나를 볼 생각도 없이
항상 남이 받은 복만 바라보고
부러워하며 행복을 잊고 사는 구나

지금 바로 네 눈을 돌려 네가 받은
복을 바라 보렴.

받은 복이 너무 많아
행복하리라.

웃으며 살아야 합니다

무심코 우이동 외진 동리 앞을 지나는데
고함소리가 나 울안 마당을 들여다보는 순간
아연 실색하지 않을 수 없었다.
중년부부의 가정불화 부부싸움 소리였다

마당 가운데 모닥불 자리 타오르는 불길 속에
남편이 새 의자를 불에 던지며 끝내자고!!?

조금 있으니 분을 못 새긴 아내가 어린 자식에게
마주 들게 하면서 조그만 반쪽 농짝 같은 것을 들고
불기로 향해 와 던지더니 좋아 모두 태워버리자고!!

무슨 사연인지 모를 일이나 이게 무슨 망동인가요.
어린 자식 앞에서 참아야지요. 그 순간을 못 참고
곧바로 후회할 일을 왜 하나요.

웃으며 삽시다. 웃는 집에는 행복이 와서 들여다보고
고함소리 나는 집에는 불행이 와서 들여다본다 하지
않습니까.

웃으면 복이 온다고 하는 속담도 있지요
웃으며 살아야 합니다. 웃으면서 삽시다.

조남선

- 경기 남양주 출생, 경동고등학교, 일봉 삼장대학원 졸업
- 한국문학예술대학 운영이사, (주)한우물 전무이사 역임
- 〈국제문예〉 시부문 등단, 한국문인협회 회원
- 〈국제문예〉 운영이사, 국제문인협회 회장

사랑이여!

문풍지 떠는 소리에 잠을 깨니
한 점 불빛 없어도 환히 보이는
그대 모습에 꼬~옥, 이불자락
끌어 안고 소리없이 입을 맞추네

왜 이리 허전한고 가슴은
언제나 빈터인가 알 수가 없네

내 마음 어디에 머물 수 있을까
왔다가는 이내 사라지고
사라진 후 다시금 그리움 뿐이니…

아– 이것을 사랑이라 했던가, 애타는?
그 시린 마음마저 없었다면 내
무엇으로 사는가 사랑이여, 사랑이여

아름다워라 그리움 참으로 아름다워라
이제사 죽도록 사랑을 하고싶네
먼 먼 훗날까지 사로잡을 그대의
사랑의 묘약, 나의 모든 걸 차지했네

그대의 사랑이여, 사랑이여, 사랑이여!

가는 사랑 잡으려도

밤은 깊어 적막한데, 옛 사람 온다
휘~~ 바람 한 번 스치고 가면
떨구지 못한 거년(去年)의 인연
다시 새싹으로 돋아날 때 너는
목전(目前)에 나타나서 무너져
헝클어진 갈래의 타래들을
주섬주섬 안겨주며 살포시
여린 손길로 어루만져 주었지.

고맙다 말을 할까 망서리다
돌아선 너의 뒷 모습은 왜 그리
쓸쓸해 보이는지, 아프다 아퍼
사랑한다 할 걸, 미안하다 할 걸
저만치 가물가물 눈물에 어려
밤마다 가슴 저며오는 가는 사랑
어이하여 밤이면 가려는가?
동이 터서 혹시나 내다보면

언제나 반 쯤 열린 쪽문으로
까치걸음 디밀고 들어설 듯

흠뻑 젖은 가슴엔 사랑이 잔다.

경칩(驚蟄)에, 깨구리 왈(曰)

요, 잡것이 언감생심 내 집을 범해
내 조상님들도 이 위에 계시는디
子息놈도 아닌 것이 울타리를 친다구?

어찌하여 인기척도 없이 고로콤시리
무례허냐 내 말은 고런 말이란 께
죽은 시늉허면 내 모를 줄 아는감?

한 때는 나도 너네 마당전에서
발끝에 채이면서도 모른 척 했지만
네눔 신세가 별 수도 없슴시롱?

기왕에 찾아 왔승게 달게 자거래이
그래도 내는 서너달을 죽은 시늉 끝에
길게 하품 한 번이면 일어나는디!

아, 우찌 된거냐 말이다 들어오더니 영영
내 집에 오더니 쪽도 못씀시롱
어이구 네눔들이 별 수가 있간?

가엽슨 것들, 인간아 사람아
그래도 내 집에 어렵게 오신 客들이니
돌장승 말문 터질때까정 편안히 모시리다

까불지덜 마시라 고런 말잉게로
알아서덜 혀 귀띔을 했승게
쌈박질 허던 눔들 後事를 생각혀

쉬운 말씀마저 흘려 들으면 낭중에는
크게 대들보가 무너지나니라
눈 밝은 者는 금방 옷깃을 여미건만

아둔한 者여, 깨구리 하품허는 경칩에
깨구리 말씀을 경청들 허시란 말씀일쎄
이눔들 천방지방 어디로 가는가?

상강(霜降)

서리가 내린다는 상강(霜降)이 오늘이라.
벌써 내린 곳도 여러 곳 있어라.
반짝 가을 볕을 아쉬워 투정하며
가을걷이 한창일 고향의 분주한 모습들
유달리 눈 앞에 선하여라.

주워 담고 뜯어 담고 훑어 담고 털어 담고
씻어 담고 말려 담고 썰어 담고 절여 담고
삭혀 담고 쪄서 담고 묶어 담고 엮어 담고
까불러 담고 술은 빚어 묻어 두고… 대풍일세!
새벽부터 온종일 저녁 달이 중천이네.

고단한 몸 자식 생각 등짝 한 번 대지 않고
시집 장가 돈 번다며 도시로 간 자식들
이 날 그 날 별 탈 없기 축수하며
고단한 몸 팔 다리를 주무를 적에
달처럼 떠오르는 손자, 손녀 얼굴이라네.

山寺에서

비 갠 후
짙은 안개 자욱하고
뒷산 뻐꾸기
소리 한 번
청아(淸雅)하다

山寺에서
듣고 보는 재미가
어찌
뻐꾸기
소리 뿐이던가?

다 보고 들으니
입가에
미소(微笑)가
절로
그날을 말해주네.

아름다운 裸木

애지중지 나의 분신 푸른 닢
비바람 땡볕에도 능(能)히 버티더니
어느날 모르게 푸르던 닢 풀기를 잃고
웬일일까 안색이 썩 좋지 않더니만

갈 때를 알았는가 대견하기도 하구나
부는 바람에 살며시 이별을 고하네
뉘의 탓이라며 투정 한 번 하지 않고
비명도 한 번 없이 허공을 낙하하네

금지옥엽 나의 분신 단풍 닢
모두들 떠나가고 혼자서 비를 맞네
감추는 것 하나 없이 홀딱 다 보여 주니
촉촉히 젖은 裸木이 볼수록 아름답구나

차(茶) 香 맡는 女人

책상다리 가부좌 틀고
마주 앉은 女人아,
반쯤 내리 깐 까만 눈동자엔
찻잔이 어리네

잔 속에 비추인 눈동자
고운 입술은 더욱 예뻐라
받쳐든 고운 손,
코끝에 살랑살랑 香내 맡으며

음악에 빠졌나 차香에 취했나
香내음 풍겨온다
고운 손 흔들며,
찻잔에 입술을 포갠다

빨간 예쁜 입술은
차만 마시나 말을 할 듯
기다려도 이내,
차(茶) 香 맏는 女人이여!

가을 어머니

마당 전 뒷동산에
이불 홑청 펼쳐 놓고
토닥 토닥 부지깽이
깨털이 하는 소리

덜 영근 깻단은 하나, 둘, 석 단
엇걸어 밤이슬 다시 맞히네
가을 낮 따가운 햇볕은
수줍은 속내를 보이라며

자꾸만 짓궂게 보채대면
하이얀 속 살며시 내보이네
해질녁 토닥 토닥 깨 터는 소리
그렇게 가을을 거두시던

어머니 당신이 그립습니다.

거꾸로 가는 시계

찰칵 찰칵 시계 소리 들린다
고물 장수의 가위질 소리 들린다
시계 소리는 정녕 미래로 갈텐데

고장난 시계 바늘이 거꾸로 가고 있다
하– 세상 험악하니 옛날로 가고픈가
엿장수 맘대로 그 시절로 가고픈가

고장난 시계처럼 갈 수만 있다면
찰칵 찰칵 거꾸로 가고싶다
아득한 옛날 그 먼 날로…!!

이눔아!

그 육시랄 눔이 언제 영지동(靈芝洞)* 논 방죽에 쪼그려 앉아
꼴 한 짐을 베어보길 한 눔이더냐?

네눔이,
우물이 있으니 우물을 한 번 쳐보길 한 눔이길 한가?
벼 타작을 하니 볏섬 한 번 둘러메 힘자랑을 한 번 해보길 한
눔이길 한가?
농번기에 쟁기질, 써래질을 한 번 해보길 한 눔이길 한가?
가래질 할 적에 가랫장추에 턱주가리를 맞아 그 맛을 알기나 한
눔이길 한가?
오뉴월 땡볕에 앉아서 조밭을 한 번 매보길 한 눔이길 한가?

이눔아
네눔이, 소나기 맞으며 콩밭을 한 번 매보길 한 눔이길 한가?
가뭄에 나가 용두레질을 한 번 해보길 한 눔이길 한가?
삼복 더위에 땔 짐을 한 번 져보길 한 눔이길 한가?
똥지게를 지고 논방죽에 나가 떨어져 보길 한 번 해보길 한
눔이길 한가?
동지섣달 삭풍 부는 야학방에 군불을 한 번 지펴보길 한
눔이길 한가?

이눔아,
네눔이, 보리타작 마당질에 맞도리깨질을 한 번 해보길 한
눔이길 한가? 콩널이 멍석에 자빠져 보길 한 눔이길 한가?
지붕 위에 박을 따서 박타기 톱질을 한번 해보길 한 눔이길
한가?
외양간에 두엄을 한 번 쳐보길 한 눔이길 한가?
새끼줄을 꼬아서 가랫줄을 만들어 본 일이 있기를 한
눔이길 한가?
천둥 번개에 비를 맞고 꼴짐 멜빵끈이 끊어진채 소를 한 번
몰아본 일이 있기를 한 눔이길 한가?

이눔아,
네눔이, 아래 웃집 마당을 쓸다가 동전닢이라도 한 번 주워본
일이 있기를 한 눔이길 한가?
도랑 치고 가재를 한 번 잡아보길 한 눔이길 한가?
느티나무 아래 밤새워 소쩍새 울음 들으며 물꼬에 물 줄기를
잡아본 일이 있기를 한 눔인가?
장마 통에 발통으로 고기를 한 번 잡아 보기를 한 눔이길 한가?
장마 통에 쓰러진 벼, 묶어 세우기를 한 번 해보길 한
눔이길 한가?

섶돌치고 송사리에 새우 범벅 미꾸라지를 한 번 잡아보길 한
눔이길 한가?
횃불 들고 왕숙천*에서 밤고기를 한 번 잡아 보기를 한
눔이길 한가?

이눔아,
네눔이, 수수빗자루 싸리빗자루를 한 번 엮어 보기를 한
눔이길 한가?
여물을 써느라고 작두를 한 번 밟아 보기를 한 눔이길 한가?
삼태기로 아궁이에 재를 한 번 치워 보길 한 눔이길 한가?
마차 바퀴에 타마구 칠을 한 번 발라 보길 한 눔이길 한가?
댓돌 밑 강아지가 헛발질 하는 걸 한 번 보기를 한
눔이길 한가?

이눔아,
네눔이 그럼, 지붕 위에 올라가 애호박을 딸까요, 늙은
호박을 딸까요 한 번 물어보길 한 눔이길 한가?
낟가리를 쌓고 미끄럼을 타고 한 번 내려와 보길 한
눔이길 한가?
밤이슬 맞으며 봇도랑에서 게를 한 번 잡아 본 추억이 있기
를 한 눔이길 한가?

이불 홑청 깔아 놓고 깨털이 하시던 할머니 모습을 한 번 보기를 한 눔이길 한가?

이눔아,
네눔이 그럼, 암탉이 수탉을 물어 비트는 꼬락서니를 한 번 글에서라도 읽어 본 적이 있기를 한 눔이길 한가?
참새가 쭉정 벼를 까먹는 소리를 한 번 들어 보기를 한 눔이길 한가?
씨앗틀로 목화씨를 한 번 빼 본 일이 있기를 한 눔이길 한가?
참나무 베어다가 왕겨 불에 숯을 한 번 궈 본 일이 있기를 한 눔이길 한가?
쇠죽 끓인 아궁이에 고구마를 한 번 구어 본 일이 있기를 한 눔이길 한가?
한 밤중 등잔불 밑에서 신작로를 졸듯이 달리는 트럭 소리를 들어 본 일이 있기를 한 눔인가?

이눔아,
네눔이 아지랑이 들판에서 삘기를 뽑아 씹어 보길 한 번 해 본 눔이길 한가?
논방죽 무너뜨리며 메를 한 번 캐 먹어 본 일이 있기를 한 눔이길 한가?

목화밭 길을 거닐다가 다래를 한 번 따먹어 본 일이 있기를
한 눔인가?
퇴뫼산에 기어올라 칡을 한 번 캐 보길 한 눔이길 한가?
황금 벌판을 달리며 메뚜기를 한 번 잡아 본 일이 있기를 한
눔이길 한가?
질겅질겅 옥수수대 단맛으로 허기를 한 번 메워 보길 한
눔이길 한가?
김장밭을 기웃거리며 무의 미끈한 裸身(나신)을 한 번 느껴
보기라도 해 본 눔이길 한가?

이눔아,
네눔이 밤하늘 별이 보이는 가설 극장에서 영화를 한 번 보
기를 해 본 눔이길 한가?
눈 쌓인 초가집 추녀를 쑤셔 참새를 한 번 잡아 보길 한
눔이길 한가?
뒷동산 조상님 산소에 눈을 한 번 쓸어 본 일이 있기를 한
눔이길 한가?
배불리 먹은 소의 되삭임질 밤 풍경 소리를 한 번 들어 보
길 해 본 눔이길 한가?
큰물에 나가 보(洑)를 치는 울력에 울력꾼 노릇을 한 번 해
보길 한 눔이길 한가?

청량리에서 영지동까지 이슬 맞으며 밤새껏 걸어 첫닭이 우는 소리를 들어 본 일이 있기를 한 눔인가?
털털거리는 첫차를 타고 코스모스 싱그러운 길 통학을 해 보길 한 눔이길 한가?

이눔아,
네눔이 아는건 2원 50전짜리 전차표와 기동차는 잘 알 것이리라.
땔감을 동을 지어 마차를 끌고 문안엘 들어서 본 일이 있기를 한 눔이길 한가?
문밖 청량리엔 "신도극장"이 있었다는 걸 알기나 하는 눔인가?
태평통길 황금정길이 네눔의 혼(魂)길인 것을 알기나 하는 눔이더냐? 이눔아.
연탄불에 아랫목이 시커멓게 탔던 기억을 하기나 하는 눔이냐? 이눔아
날려 버린 종갓집 논바닥 저수지에서 스케이팅을 하며 폼 잡던 기억이 있기나 한 눔이길 한가?

이눔아,
네눔이 해보고 자랑할 무엇이 있기는 한 눔이기는 하더냐?

말해보거라. 이눔아.
어째서 새 까먹는 소릴 하는 눔이라고 하는 줄을 알기나 하는 눔이더냐? 이눔아,
어떤 눔을 배냇병신이라고 하는 줄을 알기나 하는 눔이더냐? 이눔아,
어떤 눔을 보고 후레자식이라고 하는 줄을 알기나 하는 눔이더냐? 이눔아.
네눔이 해오고 지금 하는 짓이 무슨 짓인 줄이나 알기나 하는 눔이더냐? 이눔아.
그러고도 애비 할아비를 섬긴다고 주둥이를 나불거릴테냐? 이눔아.

이글거리던 태양이 서산에 걸렸구나, 이제 어디로 가려느냐? 이눔아. 말해 보거라.

* **靈芝洞(영지동)** : 경기도 남양주시 진접읍 내곡리를 부르던 옛이름이 "영지동"이며, "풍양"이라고도 함. 영지동을 에워싼 산의 이름은 "퇴뫼산"이며 마주 건너엔 고즈넉한 천마산, 일명 독정산(獨井山)이 자리하고 千年 古刹이며 전통사찰 "見聖庵"이 자리하고 있다.

* **王宿川(왕숙천)** : 경기도 포천시 · 남양주시 · 구리시를 남류(南流)해 한강에 흘러드는 강. 한강의 제1지류로 길이는 38.5㎞이다. 포천군 내촌면 신팔리 수원산 동쪽 계곡에서 발원해 남남서쪽으로 흘러 남양주시 진접읍을 지나, 진건면과 퇴계원면의 경계를 따라 흐른다.

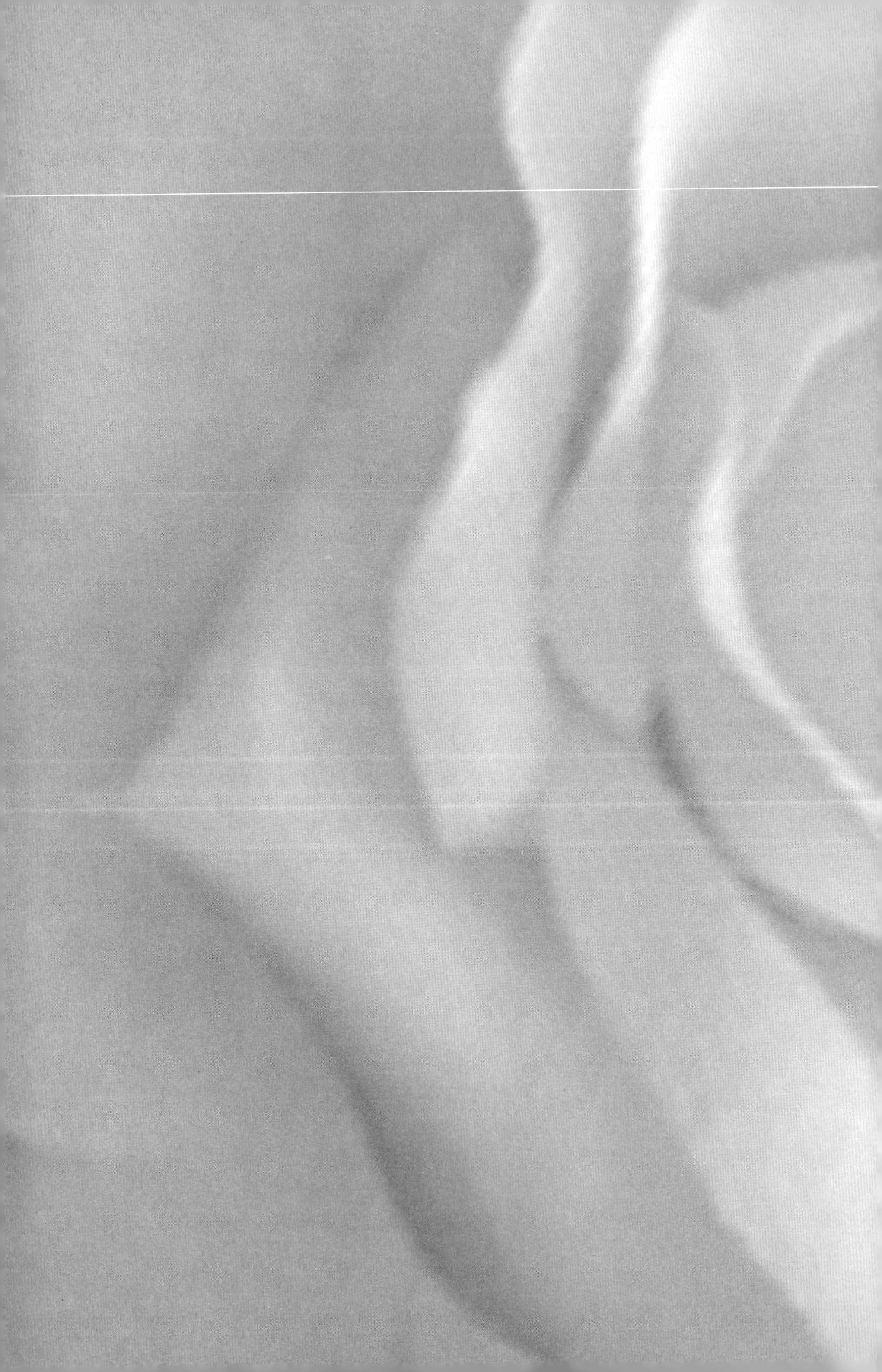

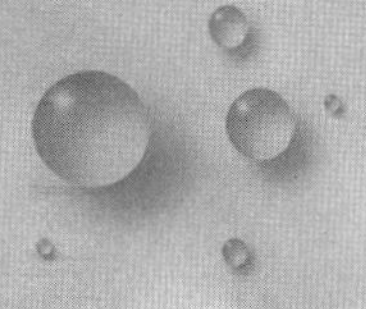

공도식

- 전남 여수시 출생
- 호남신학대 졸업, 전주 한일장신대학원 수료
- 〈국제문예〉 수필 및 소설부문 등단
- 국제문인협회 회원, 〈국제문예〉 전남지회장
- 대한민국 양심운동본부 사무총장
- 현) 장병교회 목회활동 전념

꿈 속에서 소설을 한권 썼다

어떤 사람들이 보물이라면서 밀가루를 다이아몬드보다도 더 소중하게 여기면서 많은 돈을 들이고 인력을 들여서 극비리에 숨겼다. 여기에 동원 되어진 인물들은 모두가 그 밀가루가 밀가루뿐임을 모른 채 진짜로 소중한 보물인줄로 알았다.

깊고 깊은 산속 마을 어느 집 깊은 곳에 보관하고 철통같이 전자 시스템을 설치하여 도난 방지에 전력을 기울였다. 사장은 물론 동원 되어진 모든 인물들은 두려움 속에서 그 보물을 철저히 보물이라고 여겼다.

그 후 극비리에 어느 날 밤 배신자 한 명이 생겨나왔다. 그 배신자와 다른 일당들이 그 보물을 찾아서 나누려는 마음을 가지고 아무리 철통같은 전자 보안도 또 방법이 있었다. 목숨을 걸고 고생 끝에 드디어 그 보물이라는 밀가루 봉지를 빼내는데 성공하였다. 이들의 모든 주범과 함께 한 인물들을 나는 다 알 수가 있었다.

그리고 그 산골 집은 화재로 사라져버렸다. 도시에서부터 소방차가 달려와도 이미 다 타버린 후였다. 보물에 사고가 생긴 사실을 모른 채 보물을 숨긴 두목은 동생들을 데리고 그 보물을 확인하러 왔다.

나는 그때 등산을 가고 있었다.

그 산골 그 보물을 숨겨두었던 불타버린 그 집을 지나서 가고 있는데, 그들이 확인하려는 보물은 감쪽같이 사라지고 편지 봉투에 공 도열이라는 내 이름 석자만 적혀 있는 빈 봉투만 범행 도굴 현장에 쓸쓸히 남아 있었다.

나도 모르는 사이에 그 무서운 일당들에게 주범으로 오인을 받는 처지로 되어졌다. 나는 이제 그 악인들로부터 도망을 쳐야만 하는 신세로 되어진 것이다. 아무리 아니라고 우겨도 그들은 편지 봉투에 적힌 내 이름을 증거로 내밀며 온갖 고문을 할 것이다. 그리하여 필사의 탈출을 하려는데 거북이처럼 잘 걸어지지를 않았다. 말 그대로 엉금엉금 필사의 몸부림을 치는데 그들이 나를 알아보고 추격해 왔다.

아이고 나는 죽나 보다?

내가 잡혀서 그 보물을 가져간 무리들을 폭로해 주면 나는 해가 없으나 그 인물들에게 큰 해가 가게 되었다. 곧 분노에 충천해 있는 그들에게 잡힌 몸이 되었다. 나는 미리 그들에게

"나를 점잖게 모셔라. 그래야만 그 보물을 찾는데 도움 되는 협조를 할 것이다. 만일 나를 함부로 대하면 나는 협조를 할 수가 없다."

라고 선제공격 하였다. 성미가 급하고 그 보물을 잃고 혈기에 가득 찬 그들을 잠재우기에는 나의 말이 별로 효과가 없었다.

나는 대담하게 나갔다.

"나는 평범한 사람이 아니다. 나는 유력 신문사 칼럼을 집필하는 기자다."

라고 말을 해서 두목과 졸개들을 조금만 제어가 되었을 뿐이다. 이어서

"나는 소설가다. 소설가는 미친 사람이다. 소설가와 미친 사람은 사촌간과 같다."

라는 말도 하였다. 소설가는 미친 소리를 말해야 오히려 잘 팔린다. 정상적인 소리는 흔하다. 미친 소리를 해야 소설 같다면서 잘 본다. 아바타 영화를 보라 그게 어디 정상적인가? 미친 소리가 아니던가? 미친 소리 속에서 정상적인 진리를 찾아내는 것은 독자들의 몫이다. 독사가 그 소설을 읽으면 독을 만들어낼 것이고, 젖소와 양이 그 소설을 읽으면 우유를 만들어 낼 것이다.

소설가는 미쳐도 되는 유일한 글쟁이들이다. 허가 맡은 거짓말을 해도 되는 글쟁이라는 직업이 소설가이다.

나는 내가 소설가이니 당신네들 일을 소설로 세상에 발표할 것이고 신문기자이니 당신네들 일을 신문에 발표할 것이니 나를 함부로 대하지 말라는 자기 방어 본능에서 터져 나온 나의 행동이였다.

그래도 두목과 일당은 호락호락 수그러들지 않고 겁을 내지도 않고 나를 잡았으니 보물을 찾아내는 것은 시간문제인 것처럼 행동하며 나에게 협박을 멈추려 하지 않았다. 나는 그러한 그들에게 더욱 강해졌다. 존칭어를 쓰던 말을 갑자기 반말로 바꾸어

"야 ○○야, 너 가만히 보니까 나와 동갑인 것 같구나, 너 몇 년생이냐?"

갑자기 세게 나가는 나를 두목은 어리벙벙한 눈으로 바라보더

니 나의 기에 꺾여서

"20년생이다."

라고 대꾸하였다. 나는

"20년생이면 너 나이가 70이냐?"

라고 물었다.

지금 같으면 20년생이면 90세인 줄 계산이 쉽게 되는데 그 속에서는 계산이 안 되었다. 겉으로 보기에는 50세쯤으로만 보였다. 만일 20년생이면 나보다 많은데도 나는 기가 꺾이면 안 되기에 동무처럼 계속 반말을 하였다. 두목은

"나는 사람도 여러 명 죽였는데 너는 왜 나를 두려워하지 않고 함부로 대드느냐?"

라고 물었다. 나는

"네가 죽인 놈들은 그들이 너를 죽이려고 하여서 네가 죽였지만, 난 너를 죽일 의사는 없으니 날 죽일리가 없지 않느냐?"

라고 말하니 그는 수그러들었다.

이때 곁에는 미모의 중년 여인이 와 있었다. 그 여인은 두목의 조강지처였다. 나는 그 여인을 향하여

"당신이 두목의 부인이요?"

여인은 두목과는 달리 겸허하고 부드럽게

"네, 저는 권사입니다."

"그래요? 무슨 권사가 두목의 사모님이요?"

"저는 남편을 위하여 일평생 기도하여 왔답니다."

나는 그 보물이라고 알고 목숨들을 내걸고 맹렬하게 미친 듯이 나를 닦달 하려는 모습들을 보면서 한심스러운 마음이 들었다. 사실은 그것은 썩은 밀가루였다.

그런데 그것이 보물인줄로 알고 목숨과 재산을 쏟아 붓고 지금 그것을 잃고서 미친 듯이 나를 닦달 하려고 하는 그들에게 무슨 말로 설득할 것인가? 생각하고서 일단 사실대로 말해 범인들이 찾아지도록 협조하려고 마음을 먹었다.

이러한 마음을 먹은 것은 두목의 인자한 아내 덕분이였다.

결국 자연스럽게 그 보물은 썩은 밀가루였음을 알게 될 테니까.

등대지기

남쪽 따뜻한 나라
신안군 하의면 장병도 섬 마을.
외로운 등대 하나
장병도 긴 섬
꽁무니에 외로이 서서
눈이 오나
비가 오나
변함없이 오고 가는 배들을 향하여
불빛을 내어 준다.
지나가는 배들이
가뭄에 콩 나듯이 하여도
군담 한 마디 하지 않고 제 맡은 바 사명
묵묵히 감당 한다.
나는 장병도 등대이다.
작은 사명이지만, 작다 하지 않고, 충성하련다.

낙도로 보낸 하나님의 뜻을 생각한다.

"아빠, 장병도는 외국 같아요. 흑산도 홍도보다도 더 멋있어요. 아빠, 저 작은 섬들이 바다 군데 군데 앉아 있는 것 좀 보세요. 마치 아기들이 엄마 품에 안겨 있는 듯 하잖아요? 호호호"

하던 내 막내 딸 공주 사대 예술학과 장학생으로 졸업하고 그림 만화 관련 작은 회사를 다니면서 화가의 길을 가고 있는 귀여운 내 막내의 말이 생각나서 오랜만에 방구석을 박차고 완전 무장을 한 후 자전거를 타고 등대가 있는 산을 향하여 나아갔다.

북풍이 몰아쳐 오지만, 굴하지 않고서 농로로 나 있는 길을 힘차게 페달을 밟았다. 얼마가지 않아서 오르막길을 만나 자전거에서 내려 끌고 갔다. 좌우에 시원한 바다 사이사이에 내 막내 딸 아이 말처럼 작은 아기 섬들이 누어서 내게 인사한다.

"안녕 하세요. 소설가님."

"응, 잘 있었니?"

주변의 나무들도 인사한다.

"안녕 하세요. 시인님."

"응, 너희들도 추운데 고생 한다."

겨울 산새들도 인사 한다.

"안녕하세요. 수필가님."

"응, 너희들 춥지 않니?"

얼마를 그렇게 즐거운 마음으로 자연 만물과 교통하며 가는데 잡목이 길을 가로 막는다.

칡넝쿨과 풀이 내 키보다도 더 크게 자라서 시비를 건다.

"뭐에요? 당신이 뭐 소설가라고요? 당신이 뭐 시인이요? 수필가요? 쳇."

"하하하"

잠시 웃다가 조심스럽게 자전거를 들고 칡넝쿨과 잡풀들이 기분 나쁘지 않도록 하며 길을 뚫어 통과한다. 잠시 자전거를 끌고 가는데, 이번에는 참대가 길을 막고 선다.

"뭐에요, 오랜 동안 모습을 보여주지 않더니 오늘은 뭔 바람이 불었대요. 쳇."

"응, 반갑구나, 너 참대 나무구나, 미안, 미안, 나 좀 바쁘단다."

참대를 달랜 후 조심스럽게 자전거는 참대에게 부탁한 후 통과하여 도보로 걸어간다.

"소설가란 참 좋은 거야, 소설가의 눈에는 다 소설감이거든, 시인은 참 좋은 거야, 시인의 눈엔 다 시 자료이거든,수필가는 참 좋은 거야 수필가의 눈에는, 다 수필 자료이거든, 구두 수선공에겐 사람들의 구두만 먼저 보이듯이, 강도에게는 다 제 것으로 보이듯이, 강간범에게는 세상 모든 여자가 다 지 계집으로 보이듯이."

어느새 한 시간이 훌쩍 가고 시간이 간만큼 내 몸도 등대 위 정상에 서 있다.

"오– 멋있구나, 과연 내 막내가 말한 그대로이구나, 저 멀리 도초섬은 어머니 섬이고 그 앞에 작은 섬들은 아기 섬들이구나."

동서남북을 다 휘둘러보아도 아기 섬들이 푸른 바다 가운데 총총 박혀 있다. 겸손하게 납작 엎드려서 절하는 자세로 있다. 이렇게 겸손하게 수 천 만년을 그 자리에 꼼짝없이 창세 이후로 그 자리에 그 사명 감당하고 있었다.

"외롭다, 고독하다, 답답하다, 말 한마디 군담 한마디 없이 저렇게 아– 장하고 위대한 섬들아. ”

무릎을 꿇고 방언으로 기도 하였다. 병원을 퇴원하여 통근 치료하고 있는 아내에게 전화 하였다. 이어서 장녀에게

“딸아 아빠다. 너의 두 자녀(딸들임) 잘 키워라. 아주 총명하더구나, 너의 남편 직장도 잘 될 거야, 당숙이 애를 쓰고 있으니 될 거야, 그러나 기도를 많이 하여라. 사람도 노력하지만, 최종 결 정권은 하나님께 있단다.”

불신자 남편을 연애로 만나 연애 시에 그 남편을 교회로 인도하여 남편감이 세례 받은 후 내게 와서

“아빠 저의 결혼을 허락해 주세요.” 하였다.

지금은 연애결혼 시대이고, 당사자가 좋아하면 결혼 조건 중에 큰 조건이 충족된 것임으로 허락하였다.

직장은 결혼 당시에는 작은 회사를 다녔는데, 결혼 후 인력 감축으로 잘리고, 인력 사무소도 가고, 고물도 줍고, 통닭 집 배달도 하고, 아주 파란만장하게 살아오면서도 아빠 엄마에게는 내색 하지 않더니, 결혼 후 7년 만에 자녀가 두 명이여서 힘들었던지 조용히 제 엄마에게 남편 직장 문제를 의논해 와서 귀여운 손주들 먹을 것 제대로 먹여주지 못하여 먹고파 하는 모습을 생각할 때 할아버지 입장에서 너무나 안 되어 성전 강단에 엎드려 새벽마다 부르짖어서 기도하였다. 그 결과 오촌 당숙의 도움으로 직장 문제가 추진되고 있는 중이다.

나의 장녀와 같은 입장의 많은 젊은이들과 그들의 어린 아이들을 생각하면 가슴이 아프다. 모든 사람들이 남 같지 않다. 바로 내 자녀요, 내 손주들 같다. 서로 사랑하면서 행복하게 살아

가는 세상이 오기를 기도 드린다.

장녀와 전화하고, 다음은 제주도로 학비를 벌기 위하여 간 중소기업 사장 출신의 나와 함께 전주 한일 장신 대학원 다니는 임 전도사님에게 전화 하였다.

시간은 오전 11시 30분이였다. 밀감 농장에서 일하고 있는 시간이다. 하지만, 오랜만에 전화를 해보고 싶어서 전화를 했더니, 반갑게 받는다. 잠시 통화하고 임전도사

"12시 30분 쉬는 시간에 제가 꼭 전화 드리겠습니다." 한다.

남의 아래 매여 있는 임 전도사님, 대학을 나오고 중소기업 사장님 출신이던 임 전도사님이 파산 신고를 하고 전주 한일 장신 대학원으로 와서 한 학기 다닌 후 2학년 납부금 마련하고 생활비 마련하려고 겨울 방학을 맞이하여서 제주도 밀감 농장을 갔었다.

오고 가는 비행기 값 빼면 얼마나 남을까?

구정 전에는 육지로 와서 구정 쇠고 육지에서 아르바이트를 한다는데.

"주님이시여, 우리나라 경제를 살려 주옵소서."

눈이 내린다. 바람이 세차게 분다. 바다 날씨는 변덕이 많다. 서둘러서 집으로 돌아와 매실차를 마시니 시원하다.

"이 나라 경제가 살아야 하는데."

젊은 그날 갈매기 울음소리

"젊음은 젊음 그 자체만으로도 아름답고 매력적이다."

하시던 어느 교수님의 말씀이 생각나며 동감이다. 이토록 아름답고 싱그러운 몸매도 젊음도 세월이 흐르면 사라지고 만다.

나의 애달픈 이별의 첫 사랑도 지금쯤은 환갑을 맞이하는 할머니가 되어 있을 것이지만, 내 마음의 고향에는 언제나 18세 소녀의 모습으로 자리하고 있다.

인생이란 추억에 살아가나 보다.

사랑한다고 해서 어디 다 이루어진다면 어찌 될까? 사랑하고도 이루어지지 않아서 실연당하는 사람들 때문에 이 세상은 아름다운 순정 소설도 순정 시도 순정 수필도 순정 영화도 순정 그림도 생겨나지 않을까?

"눈물 묻은 빵을 먹어보지 않은 사람은 인생을 모른다."

는 말처럼 실연 고통을 경험하지 않은 사람은 예술가가 될 수가 없다.

실연 고통을 당해보지 않은 사람은 진정한 가수도 될 수가 없고 진정한 유행가를 작사 할 수도 없을 것이다. 유행가란 사랑을 대상으로 하는 경우가 90프로 이상이기 때문이다.

사춘기 예민한 감성이 최고도로 발달한 그 시절 각인된 그 소녀는 그 소년은 평생토록 잊지 못하는 것이다. 아- 죽어서도 잊지 못할 그 소녀 그 소년은 지금 어디로 갔나? 배호가 부르는 구슬픈 사나이의 실연 노래를 들으면서 위로를 받는다.

"인생은 가도 예술은 남는다" 처럼 배호는 갔지만, 배호의 생생한 목소리는 살아 남아 우리를 위로해 준다.

1973년 달천 바닷가 섬 달천 잠수교에서의 통곡하던 젊은 시절이 생각난다. 내 첫사랑 은주를 철없이 떠나 보내고 내 어머니가 돌아가셨어도 이렇게 서러울까? 이렇게 보고플까? 내 심장이 찢어지듯이 고통스러운 그리움, 이별의 아픔, 두 번 다시는 볼 수가 없을 거라면서 가슴 아파하는 나에게 나도 모르는 우주의 창조주께서 다가 오셨던 것이다.

"사랑하는 내 아들아, 너는 지금 네가 사랑하던 은주, 하나를 이별하니 너의 마음이 고통스러우냐? 너는 은주 하나이지만, 나는 지구상에 수많은 사람을 사랑하였으나 그들은 다 나의 사랑을 거절하고 세상으로 떠나 가버렸단다. 네가 이 이별의 고통을 당해 보아야만이 나를 위하여 나의 잃어버린 사랑하는 영혼들을 찾아주는 전도자가 될 수가 있단다."

23세의 청년인 나에게는 참으로 신기하고 놀라운 창조주의 음성이였다. 나는

"몰라요, 몰라요, 나의 은주를 돌려주세요."

흑흑흑 울고 울며 유행가를 불렀다. 저물어가는 붉은 노을을 바라보면서 철썩거리는 파도 소리보다도 더 애처롭게

"당신과 나 사이에 저 바다가 없었다면 쓰라린 이별만은 없었을 것을" 남진의 노래일 것이다.

이어서 역시 남진의 우수 "맺지 못할 인연일랑 생각을 말자."

나는 이 노래 때문에 실연당하였다. 부정적인 노래는 부정적인 생각을 만들어주고 내 첫사랑 은주도 나만큼 나를 사랑하고 결혼하려고 기다려 주었는데, 난 그것도 모르고 부정적인 우수만을 부르다가 결국 단념 편지를 보내었다.

단념한 것도 아니면서 행복하라며, 진심을 속였다. 부잣집 신랑 만나서 배부르게 먹고 살라고, 가난하고 배고픈 시절, 72년도 보릿고개 넘던 힘든 그 시절 경찰관 남편에게로 떠나보내었다. 여순 반란 사건에서 좌익 대장 딸인 나의 첫사랑 은주는 자신의 아버지와 자신 집안 가족의 남자들을 몰살시킨 원수 우익 경찰관에게로 국가 정보기관의 감시를 줄여보고자 희생양으로 사랑하는 날 두고 떠나 간 줄을 나도 당시에는 몰랐다. 세월이 많이 흐른 후에야 알았다.

"아빠도 없고, 오빠도 언니도 없고, 동생도 없는 전 더하였어요."

라고 날 버리고 떠나간 20년 후 어느 중소 도시 중심상가 옆 오렌지 향기 날리고 카페에서 함께 18세 소녀 시절 입던 파란 색상의 차림으로 나온 내 그녀에게 직장 언니가

"이 사람이 너의 첫 사랑이니?"

할 때에 수줍게 말하던 내 첫사랑 은주가 나와 이별하고도 여전히 나보다 더 날 사랑해주고 있었단 사실을.

사랑이란 상대적인거야, 지남철과도 같아, 그 쪽이 날 생각하면 나도 그 쪽이 생각나고, 서로 이심전심인거야, 한 쪽만의 사랑은 끈질긴 그리움은 없지, 후회하면 무엇 하나?

그 아픔 때문에 진주조개의 통증을 어루만지면서 난 밤마다 시를 쓰고 낙서를 하다가 지금 인터넷 시대에 아마추어 인터넷 소설가로 시인으로 수필가로 활동하면서 이제는 유명 〈국제문예〉지와 〈한울〉문예지의 심사위원들로부터 시와 소설과 수필 모두 수준 높은 문학성을 인정받아서 신인 문학 작가로 입문하게 되지 않았던가?

손목 한 번 잡지 못한 사랑이지만, 내 첫사랑 은주가 진실한 여인이기에 가능하였을 것이다. 일단 혼인한 남편 위해 지조를 지키고 다만 맘으로만, 날 위해 기도하고 사랑해 주었기 때문에 그와 나의 가정이 지켜지고 나의 이야기를 토대로 한 글들이 문학성 있는 글들로 인정받는 지금 이 자리에 오르게 된 것이다.

섬 달천 잠수교에서 그날

"너는 지금 진주조개의 고통을 당하고 있단다."

하시던 그 말씀처럼 나는 이제는 40년 동안 키워 온 진주를 캐내고 있다. 내가 죽어도 남기고 갈 만한 문학이라는 진주를 캐내려고 한다. 시로 캐고, 수필로 캐고, 소설로 캐려고 한다.

배호 같은 가수가 부를 만한 작사 시로, 존경하는 고 박경리 소설 작가님과 조정래 소설 작가님 같은 소설로 또 수필로 진실된 이야기들을 남기고 가고 싶다. 하늘과 땅과 자연과 하나님과 천사와 억울한 영혼들을 내 소설 속에 등장 시키고 싶다.

그날 달천 바닷가에서 붉게 불타던 노을도 울어주었고, 갈매기들도 캄캄한 밤이 되도 집으로 돌아가지 않고 내 머리 위를 맴돌며

"울지 마세요. 끄르륵, 끄르륵, 제가 님의 슬픈 마음을 안도섬에 살고 있는 은주 씨에게 전해 드릴게요."

파도도 그렇게 말하면서 그날따라 더욱 구슬프게 철썩거렸다.

바람난 아내

손님이 별로 없는 변두리 목욕탕에를 갔었다. 50대의 때밀이 아저씨 자신의 인생 이야기이다.

그 아저씨의 모습은 술과 담배로 찌들어 뼈만 앙상하게 남아 있었는데 담담하게 자신의 과거를 이야기 하는 것이다.

아저씨 : 제 동생은 어려서부터 공부를 열심히 해서 도청 건설 과장이 되었는데 같은 형제간이지만 저는 공부하기를 싫어해서 어려서부터 서울로 올라가 목욕탕 때밀이를 해서 돈을 많이 벌었답니다.

주인집에서는 저를 아들처럼 대해주었고 밥도 같은 상에서 먹었습니다. 주인 아주머니는 제가 번 돈을 꼬박 꼬박 통장에 넣어 주었습니다. 그런데 제가 25살 때에 평소 잘 알고 지내오던 이웃집에 사는 어떤 늙은 할머니가 동업을 하자고 자꾸만 졸라대서 돈을 주었는데 돈을 떼먹고는 시치미를 떼는 것이 아닙니까?

제게서 돈을 받은 적이 없었다는 것입니다. 그 할머니를 믿고 돈만 주고 영수증이나 계약서는 쓰지 않았거든요. 그 후로 아직 젊었으니 새로 시작하자 결심하고 다시 열심히 벌어서 서울에 목욕탕을 하나 차렸습니다. 이제 되었다하고 아내에게 목욕탕 관리와 통장(카드)등 모든 것을 맡기고 저는 이제 성공했다고 만족하며 조금만 더 벌고는 그만 두자 하였는데 제가 어디가 아파서 병원을 갔는데 돈이 필요해서 그때 아내가 연락이 안 되어 제가 직접 통장을 확인해보니 아– 통장에 돈이 하나도 없는 것입니다. 오히려 목욕탕 건물까지도 저도 모르는 사이에 은행에 담보로 잡혀있는 것이 아닙니까?

서울에서는 목욕탕 허가가 거리제한이 500미터까지로 있어서 목욕탕을 많이 세우지를 못하고 사람은 많이 살기에 목욕탕에 손님도 많고 돈도 많이 버는데 사용한데도 없이 통장에 돈이 하나도 없어서 이럴 수가!!! 하고 확인을 해보니 아– 믿었던 제 아내가 그날 어느 노인당에 봉사하러 다녀오며 봉사대원들 친구들의 권유로 나이트에 춤추러 가서 만난 남자와 춤 한번 추었는데 바로 그 남자에게 반하여 바람이 나서 돈을 빼돌릴 수 있는 대로 빼돌려 그 놈에게 자꾸 준 것입니다. 아– 딱 한번 춤을 춘 남자에게 그렇게 빠질 수가 있을까요?

나 : 아마 그 함께 춤추는 남자는 여자를 노리는 전문 제비족이 아닐까요?

아저씨 : 예 맞습니다. 그들은 사글세 방에 살더라도 언제나 깔끔한 신사복 정장에 번질번질한 새 구두를 신고 머리도 기름을 잘잘 바르고 다니더군요. 말도 참 잘하지요.

아– 근데 또 한번은 제 아내가 저에게 그랜저를 사달라고 애교를 부리면서 조르더군요. 그래서 아내가 사랑스러워 사주었더니 아– 그랜저에 그놈을 태우고 돌아다니면서 바람을 피울 줄은

까맣게 몰랐습니다. 제 아내는 굉장히 순진하였거든요. 가족끼리 노래방에 가서 노래를 부르라 해도 수줍어서 못 불렀어요. 그런 여자가 그러다니. 저는 이러한 사실을 아내가 도망친 후에야 알고는 그때에 미치고 환장하여 그년을 만나면 죽여 버리고 싶었습니다.

나 : 아– 물론 그런 심정이 당연하지요.

아저씨 : 저는 그 후로 목욕탕을 팔아 아내가 남긴 빚을 갚고 남은 돈으로 조그마한 전셋집을 구하여 아이들을 거기에 두고 저는 서울에서 지방 곳곳을 돌아다니면서 이렇게 살고 있답니다.

나 : 아– 안타깝군요. 아내와 함께 종교를 가지고 신앙생활을 착실히 했더라면 이런 일은 예방이 되었을 것인데요. 이제부터라도 종교를 가지세요.

아저씨 : 예, 저도 그렇게 생각합니다. 앞으로 저도 종교를 하나 가져야 할 것 같습니다. 아니면 미치겠습니다. 그런데 제 아내는 매우 아름다운 여인이였습니다. 키도 1미터 68 정도였고 살도 적당히 붙어서 보는 사람마다 저의 아내라면 믿지를 않을 정도였답니다.

나 : 그런 여자를 어떻게 아내로 맞이하였습니까?

아저씨 : 예 제 아내는 제가 일하던 목욕탕 주인집 딸입니다.

저와 나이 차이가 많답니다. 어려서부터 저를 친오빠처럼 따르고 새벽으로 약수를 길러 함께 가서 사람들이 많아 줄을 서는 사이에 약수 통만 세워두고 우리 둘은 한적한 곳으로 가서 한 시간 정도 장난을 치고 놀다가 약수를 길러 집으로 돌아오곤 하였습니다.

그녀는 저만 보면 가슴이 뛰며 좋다고 하더군요. 저는 저와 어울리지 않을 만큼 예쁜 그녀를 키도 크고 잘생긴 저의 후배에게 소개해주었는데도 그녀는 제게 와서 울며 저만 좋다고 하더군요. 그래서 저도 틈나는 대로 그만 가슴도 만지고 하였는데 그녀는 오히려 더 적극적으로 저에게 모든 것을 다 주더군요. 나중에 주인 아저씨와 아주머니가 알게 되어 저희는 추방되어 다른 목욕탕에서 일하며 살아왔었답니다.

나 : 아— 아저씨의 아내에게는 아저씨가 첫사랑이여서 그런 것일 것입니다.

아저씨 : 아— 그런데 제 아내가 그 남자와 도망을 친지 2년 만에 아이들이 사는 서울로 돌아왔더군요. 제가 지방 목욕탕에 근무하고 있다가 그날 저녁에 집으로 아이들이 걱정되어 전화를 했더니 아— 그년이 아닙니까? 돈이 떨어지니까 그 놈이 제 아내를 버린 것입니다. 저는 아내의 목소리를 듣고 바로 올라가서 제 아내를 죽이고 싶은 마음이 들데요. 그래서 곧바로 택시를 타고 올라갔습니다.

택시를 타고 올라가면서 도청에 근무하는 동생한테 전화를 해서 사정을 말하였더니, 아이들에게는 엄마가 필요하니 아이들이 클 때까지는 그냥 놔두라고 간곡히 부탁 하더군요. 아이들이 그때 초등학교와 중학교를 다니고 있었거든요. 저는 그 후로 아직까지 아이들에게 돈만 보내주고 가지를 않고 있었습니다.

나 : 그래요. 동생 말이 맞습니다. 아이들을 보아서 참아야지요.

아저씨 : 그래서 서울까지 올라갔지만 그냥 집으로 들어가지 않고 돌아오고 말았습니다.

나 : 참 잘하셨습니다. (침묵)

아저씨 : …… (침묵)

나 : 요즘 남자들은 결혼하기가 참 어렵데요. 중년이 넘은 지금 다행히 또 결혼을 한다 해도 다 헌 여자들 아닐까요? 그럴 바에는 부인을 용서해 주시고 함께 교회생활을 하면서 자식들을 보아서 그리고 자식들을 사랑해 줄 여자는 바로 부인이 아니겠습니까?

아저씨 : 예 그건 맞습니다.

나 : 아주머님이 집으로 돌아온 것은 잘못을 뉘우친 것이 아닐까요?

아저씨 : 아직은 용서가 안 됩니다. 목욕탕 때밀이 일도 이젠 힘이 부쳐서 못하겠습니다. 좀 큰 목욕탕은 전세금을 많이 걸어야하는데 그런 돈도 없고 제 큰 아이가 여자 아인데 고등학교만 졸업하면 전세금이라도 빼서 변두리에 제 딸아이와 같이 아주 싼 밥집이라도 하면서 살아가볼까 합니다.

나 : 그러세요. 절대로 낙심하지 마세요. 그리고 꼭 신앙생활을 하시면서 술 담배도 끊고 새롭게 살아가세요.

아저씨 : 예…… (침묵)

나는 마음 속으로 혼자 생각했다. 아내에게 어느 날 갑자기 애인이 생긴다면 아내를 믿고 통장과 카드를 맡겨두는 것이 얼마나 위험한 것일까?

이 아저씨처럼 되기가 쉽겠구나! 하지만 아내들이 다 그런 것은 아닐 것이지. 허나 세상이 그렇게 흘러가니 그 물결을 거슬러 올라갈 아내들이 몇이나 될까? 소돔과 고모라성에 의인이 열사람도 안 되었듯이……

할아버지 교생 선생님

28일간 교생실습을 하는 동안 아이들과 정이 들었나보다.

할아버지 교생 선생님이기에 인기가 많으리란 생각은 아예 접었었다. 처음부터 담담하게 교생 실습을 시작하였다.

아이들의 가정 형편과 성적 등을 파악하면서 일부러 아이들의 성적과 가정 환경을 기억에서 지웠다. 담임이신 지도교사 선생님으로부터 1/3이나 되는 아이들이 부모님이 없거나(이혼) 할머니나 삼촌 집에 맡겨져서 생활하면서 학교를 다닌다고 하였다. 어려운 아이들에게 더욱 신경을 써주었다. 청소도 반장과 대의원과 서기 등 임원들이 앞장 서서 하라고 하였다.

머리를 파마를 하고 다니던 아이였는데 스승의 날에는 파마를 풀고 단정한 모습으로 유일하게 나에게 음료수를 사서 주었다. 파마를 하고 다녀도 성급히 함부로 지적하지 않고 의미 있는 눈길만 빙그레 미소와 함께 친절하게 엉뚱한 안부의 말만을 걸어주었는데 감동적이였다.

5백 원 음료수 한 병을 스승의 날에 받고 스승의 날에 더 많이 받을 수도 있었을 텐데 교수 수업안 작성이 잘못되어서 새로 만드는 바람에 교실에서 열리는 스승의 행사(정식 행사는 없었음)에 참석하지 못하였기 때문으로 알지만 그 음료수 한 병만으로도 충분히 스승의 보람을 느낀 날이다.

내일이면 끝나는 날 금요일에 체육대회가 있었다. 배구를 지도하여 2학년 2등을 하였다. 선크림을 약국으로 달려가서 사서 우리 반 39명을 다 바르고, 남아서 옆 반 2반과 1반을 나누어 발라주고도 남았다. 오전에 피구를 하고나서 천원에 4개짜리 음료수를 사다가 마시게 해주었다.

다음 날 떠나오는 날에 아이들에게

"약한 맘 먹지 말고 중단 하지 말고 목표를 크게 정하고 끝까지 노력하여라. 나는 너희들을 보니 나의 딸들을 키울 때가 생각이 났었단다. 잘 해주고 싶어도 잘 해주지 못한 생각이 들어서 마음이 아팠단다. 부모의 마음은 다 마찬가지란다. 너희들의 부모님도 마찬가지 일거다. 잘 해주고 싶으나 잘 해줄 수 없는 부모님의 맘은 더 아픈 거란다."

말을 다 맺지 못하고 나는 울음이 터져버렸다. 내 설움이 복받쳤던 것이다.

도시에서 무인가 신학교 졸업생으로서 목사가 되어 자본 없이 고향의 논 전답을 팔아서 교회를 개척한다면서 지하 사글세 창고에서 아이들을 키우며 차비도 없어서 못주던 때가 생각났다.

이 아이들 중에는 부모가 없는 아이들이 3분의 1이나 된다는 것도 나를 울게 하였다. 그 울음은 멈출 수 없는 울음이다.

"컥… 컥컥……"

하고 터지는 울음이다. 이 울음을 황소울음이라고 한다나.

나의 큰 딸을 중 고등학교 보낼 때에 학생복을 허름한 것으로 사서 입혔던 아픔이 생각난 것이다. 그리고 내 자신이 명문 여수중학교를 중퇴하고, 33년이라는 기나긴 세월동안 중학교 졸업 검정고시 공부를 해왔었던 기억이 가슴을 쳤다.

오랜 세월을 열등감으로 지내오던 것을 생각하였나보다.

수학 머리가 안 좋은 내가 수학 과학 영어 과락 40점에 걸려서 33년간을 겁내며 수십 번을 검정고시 응시하러 갔다가 포기하고 돌아오곤 하였던 것이다.

컨닝이라도 하든지 졸업장을 위조라도 하든지 하는 것은 신성한 목사가 되려는 사람으로서 도저히 양심에서 허락하지 않았던 것이다.

그러다가 결국 48세의 나이에 중학교 검정고시 합격증을 받고 얼마나 기뻐하였는지 모른다. 이러한 마음들에 황소울음이 터져 부끄러움에 교실 문을 뛰쳐나와 운동장에서 미술선생님을 만나 대화를 나누고 있었는데 20대의 교생 선생님 몇 분을 따라서 4-50명의 학생들이 교실에서 나오고 있었다.

자세히 보니 우리 반 수 피아 여중 2학년 3반 아이들이였다. 나의 반 제자들 전체 39명이 다 교실을 나온 것이다. 나에게로 와서 두 손을 앞으로 내밀어

"당신은 사랑받기 위해 태어난 사람"을 불러주었다. 나는 거기에서

"세상은 쉬운 곳이 아니니다. 마음 강하게 먹고 힘차게 살아가거라."

나는 또 울먹였고, 아이들도 따라서 울었다. 아주 슬프게 우는 아이들이 많았다.

그 자리에서 우리는 마음의 교감을 나누었다. 특히 가정 형편이 어려운 아이들이 더 그랬었다. 일일이 악수를 해주면서 주님의 축복을 빌어주며 들어가라고 하였다.

"너희들이 들어가야만 내가 간다."

고 하면서 억지로 겨우 돌려보냈다. 교실에서 아이들이 돈을 모아 사준 선물을 집에 가서 풀어보았더니 상당한 가치가 나가는 종합 화장품 세트였다. 1인당 1천 원씩은 거두어서 장만한 것인 것 같았다. 몇 일간을 아이들 생각에 기도하였다.

"주님이시여, 이 나라의 경제를 살려주옵소서!"

그래야만 그 아이들의 부모님이 돈을 잘 벌어 그 아이들에게 행복한 학창생활을 하도록 뒷바라지를 해줄 것이기에.

나는 이제 39명의 딸들이 생겼다는 생각도 들었다. 물질로는 도움을 주지 못하더라도 기도라도 해주어야 하려는 마음을 먹었다. 물론 다른 반 아이들과 모든 청소년들까지도 사랑해야만 한다는 마음도 들었다.

- 충청남도 천안 출생, 한양대학교 행정자치대학원 수료
- 전 대우중공업 근무(사보 기자 겸직)
- 『국제문예』 수필부문 등단, 국제문인협회 회원
- 현) 성동신문 객원기자, (사) 기능장애인협회 봉사부장

S. S

주말이면 등산로마다 가득 메운 인파를 보면서, 여가로 즐기는 스포츠나 레저 문화가, 삶의 일상이 되었음을 실감한다. 스포츠도 유행 사이클이 있어서 테니스가 유행 했었고, 한 때는 볼링과 탁구 등 시대와 세대별 변화를 가져왔는데, 축구만큼은 조기축구, 생활축구, 사회축구, 직장, 동호회, 학교 등 변함없는 참여 속에 즐겨왔다.

70년대 새마을 운동이 불같이 일어났을 때, 지붕개량, 담장개량, 하천 정비가 한창이어서 곳곳에 공사가 진행되었었다. 요행이 시멘트 1포를 얻어서, 마당에 둥그런 구멍을 파고 비닐을 깔아서 역기를 만들었다.

어른들 하는 거 유심히 봤다가 자갈과 모래를 섞은 후, 물을 부어가며 시멘트 반죽을 해서 넣고, 가운데 구멍에다 나무 심지를 박았다. 구석구석 시멘트 반죽이 잘 차라고 작대기로 휘젓고 다졌는데, 요즘 건설 현장에서도 그런 장비를 본 것 같다. 아침

저녁으로 물을 뿌려서 양생을 시킨 후 역기를 꺼내던 날이었다. 도공이 가마에서 도자기 꺼내는 거 마냥 설렘과 기대 속에 내 작품이 완성되었다. 정확한 무게는 재보지 않았지만, 중학생이 들기에 좀 무거운 역기 두 짝을 만들어 놓고, 나무를 베어다 누워서 운동할 수 있도록 벤치를 만들었는데, 그림으로 본 기억으로 역기용 벤치를 만드는 건 무리였었다. 몇 번의 시행착오 끝에 요즘 헬스장의 벤치 프레스 같은, 나만의 운동 기구를 만들어, 서울로 유학 오기 전까지 운동을 하였다.

가슴도 나오고 알통도 여물었으며 배에는 임금 왕자도 새겨보았는데, 나의 명물 역기 세트는 동생들이 이어받아 운동을 했으며, 항아리 받침으로나 담장 밑 수체구멍 막이로 썼는지 기억은 안 난다.

학교 운동장이나 논배미(논바닥)서 즐겨하던 축구도, 직장 생활을 하면서도 계속 하였다. 인천의 대우중공업(현 두산인프라코어)은 국내 굴지의 대기업이다. 복리후생이 열악하던 시대임에도, 사내 운동시설 및 샤워장이 잘 갖춰져 있었다.

새벽에 하숙집을 나와 조기 출근해, 사내 도장에 가서 태권도 수련을 하고, 아침식사 후 근무는 남들보다 생기와 활력으로 할 수 있었고, 수출 총력의 시대에 연장, 철야, 특근도 열심히 해서, 조국 근대화의 기수로 한 몫을 했었다. 점심시간을 쪼개서 족구나 미니 축구를 하는 재미는, 운동에 대한 중독이었는데, 세상의 중독 중 유일하게 이로운 중독은 스포츠뿐이라 생각한다.

놀음이나 알코올 중독 같은 것처럼 퇴폐적인 것이 아니기 때문이다.

운동에만 몰입하지 않고 가정이나 자기가 하는 일에 적절한 조절만 한다면 백익무해 하다고 생각된다. 운동 좋아하는 사람끼리 자연스런 net work이 생기다 보니 축구팀이 만들어졌다. 대기업이기에 실업팀으로 대표팀이 있음에도, "crystal"이란 우리팀은 2부리그처럼 회사의 지원 속에 운동을 할 수 있었다.

결혼도 하고 직장 등의 이유로 이리저리 옮겨 다녔지만, 운동은 늘 즐기며 가까이 하고 살았는데, 1987년 일본 히다찌 금속에 기술연수 갔을 때 축구공 한 개를 마련해 점심시간 마다 족구를 했는데, 일본 사람들도 새로운 종목의 운동에 관심 속 구경을 했었다. 유유상종이라고 히다찌에서 운동 좋아하는 사람들이 초청해 사내 체육관에서 탁구, 배드민턴, 배구를 하였으며 야외에서 야구도 했었다.

그때 처음으로 볼링이라는 운동을 해 봤는데, 일본 사람들한테 지기 싫은 욕심 때문에, 볼이 레인을 벗어나 자꾸 도랑에 빠지곤 했다. 이름도 기억 안 나는 일본 친구가, 골프를 치자고 해서 따라 갔는데, 필드가 아닌 넓은 잔디밭에서 스윙 연습을 하는 거였다. 야구배트 휘두르듯 하는 나의 스윙엔, 공이 엉뚱한 데로 가든지 맞추지도 못하는 경우가 허다해, 그 친구더러 멀리서 스윙을 하라하고, 나는 야구 글로브로 골프공을 받아내는, 희한한 즉석 신종 경기를 제안해 하기도 했다.

취미나 여가로 즐기던 스포츠가, 우리생활 곳곳에 정착이 되어 있음은, 취마나 여가의 범위를 넘어서 삶의 일부분이 된 것 같다. 어르신들의 걷기부터 축구, 족구, 야구, 마라톤, 배드민턴, 배구, 볼링, 탁구, 자전거, 인라인 스케이트, 등산, 사회체육 개념의 생활스포츠가 단순한 취미여가나 체력 단련을 넘어서 스트레스를 희석시켜 성인병을 예방해 주기에 운동을 안하는 분들에게 권하고 싶다. 특히, 몸이 불편한 장애우들한테는 병원 치료나 여러 물리치료만큼 재활 치료 효과가 있어 권하고 싶다. 스포츠 정신은, 건전한 정신 수양에 탁월함 또한 중요한 효과이다.

특정 정당이나 정치인들이 등산 클럽을 직 간접적으로 간여하고, 운영하는 경우가 많음은, 현대 생활이 스포츠와 얼마나 밀접한가를 단적으로 보여주는 좋은 예다.

S.S란, 스트레스(stress)를 잡아먹는 스포츠(sports)란 이니셜이다. 전남대 의대 민정준 교수님이, "암을 잡아먹는 세균"이라는 암치료 기술을, 세계 최초로 개발해서 주목을 받고 있는데, 현대 만병의 근원인 스트레스를 잡아먹고 체력단련 및 정신수양을 하는데, 이보다 경제적이고 쉬운 치료법이 어디 있겠는가.

50이 넘도록 운동을 좋아한 덕으로 몸 관리를 잘 해오다가 나태해지고 게을러, 직사각형 몸매와 중량급의 볼륨을 갖게 되어, 반성 하면서 지역 내 족구 클럽(성동 우리족구회)을 만들어 총감독으로 재임 하면서, 스트레스 죽이기를 열심히 하고 있다. 클럽을 운영하면서 생각이 비슷한 사람들이 모이다 보니, 3년 차에 회원이 80여명에 이르고 금년에는 80여 페이지의 회원 수첩을 발간했다.

국내에서 태동한 유일한 구기 종목인 족구에 대하여 역사, 규

칙과 규정, 기술과 이론, 연습지침 등 다른 클럽에서 엄두도 못 내는 일을 신생 클럽에서 한 것이다.

작년 가을 여성부 신설을 준비해 오다, 피치 못할 난관 때문에 금년 봄에 시작해서 남녀노소가 족구를 즐기고 있다. 회원 모두가 운동을 잘 하는 건 아니지만, 나이를 초월해 체력단련과 스트레스 죽이기에 충실한, 클럽 회원들의 참여에 협조에 찬사와 감사를 보낸다.

거꾸로 가는 시계

천안시 목천읍 목천초등학교에 다니던 나는 설이나 잔치,부모님 생신 보다도 신나는 때가 추석을 앞둔 초가을 이었다. 학교 행사 중 즐거웠던 거는 소풍, 방학전날 종업식, 졸업식, 외부 단체의 공연이나 영화관람이었지만 추석을 앞두고 방과후 연습까지 해서 치루는 가을 운동회는 아이들 운동회가 아닌 읍내 전체의 축제라 할 수 있었다.

큰 깃발을 펄럭이는 응원 대장의 지휘로 청군백군(청색백색 모자) 전학년이 나누어 하는 시골 읍내에서의 응원전은, 서울 시청 앞 붉은 악마의 장엄함과 다를게 없었다.

운동회 프로그램도 부락대항 달리기나 가마니 지고 달리기,씨름 등 어른들 시합과, 아이들은 콩주머니로 박 터트리기, 줄다리기, 기마전이나 곤봉체조. 바구니 콩주머니 주워담기 여자애들의 무용 등 다채로왔고, 노래 잘하는 애들은 마이크 앞에서 동요를 많이 불렀으며 전체 점수로 이기는 편이나 시합에서 잘 한 사람은 도장이 찍힌 공책 몇 권씩은 타는 날이었다.

코끼리 코마냥 튀어 나오는 나팔이라도 부모님이 하나 사주시면, 남아공 월드컵의 경기장처럼 시끄럽게 불고 다니고 신이 났으며, 삶은 밤. 삶은 계란에 김밥이나 과일 등 집안 형편껏 준비한 음식들은, 평소 먹는거에 비해 진수성찬이니 즐겁지 않을 수가 없었다.

운동회 연습 때문에 늦게 파하고 오는 발걸음은 읍내를 벗어나 넓은 들 가운데 가로 지르는 마찻길로 한참을 오자면 첫 동네 장구평이 나온다. 구멍 가게도 2개나 있고 큰 방앗간도 있는 장구평은, 간혹 김일 프로레슬링 경기를 보기위해 5원짜리 동전 한잎을 엄마한테 졸라 유일하게 텔레비젼 구경을 다녔던 담배 가게도 있는데, 친구나 선배들이 드세서 가끔 손찌검도 당했는데 고학년 올라 가면서 그런 일들은 줄어 들었다.

장구평을 벗어나 10여분 거리의 샘모랭이에 도착하면, 원래 마찻길로 가는게 멀어서 범식이네 밭 옆 수리조합 도랑길로 가면 조금 빨리 갈 수 있었고, 샘모랭이를 벗어나며 아내방 다리를 건너는 지점엔, 언덕을 깎아 지은 돌팍재가 있는데 근동 유일한 주막인 친구 기선네 집이었다.

기선이 엄마와 우리는 한승한본이니 친척이라고 아버지는 말씀 하셨고, 기선이 엄마도 가끔 개떡이나 동부 콩을 넣고 만든 밀빵을 주시곤 했었다.

아내방 다리는 폭이 한 50~60cm 의 구멍이 송송 뚫린 공사 현장에서 쓰는 철판다리인데 외나무 다리와 별 반 차이가 없었다. 동네 초상이나서 상여라도 지나갈 때는 상여꾼들이 다리 양옆쪽 난간에 발을 딛고 상채는 개울쪽으로 기울여 역삼각형 형태로 아슬아슬하게 균형잡고 지나가던 모습이 신기했었다.

특히 요령질 하는 요령잽이의 처량하고 구슬픈 소리는 상주들을 많이 울렸는데 커서야 회심곡 내용이 상당수 임을 알았다.

다리를 건너면 왼쪽에 큰 둠벙이 있었는데 어느 해 한겨울 몹시 추운날, 지금 동내이장을 보시는 용돈이 형님과 외지로 나가신 정복이 형님이 한창 청년기 때, 팬티 바람으로 그물을 들고 들어가 고기잡던 모습이 떠오르는데 동네 사람들이 다 모여서 구경을 하며 장정이라고 말씀들을 하셨다.

큰둠벙을 지나서 큰 미류나무가 있는 중간 둠벙에서는 장대끝에 낫을 묶어고 깊은 곳에서 갈퀴질해서 장아찌용 물풀 말을 뜯기도 하고, 쌀방개나 보리방개를 잡고 놀았으며 둠벙가 물풀 줄을 뜯어서 속 여린 부분을 먹으며 허기를 달래기도 했었다.

중간 둠벙을지나 작은 둠벙을 끼고 왼쪽으로 꺾어 정현네와 완제네 밭 사이 언덕을 오르면 마당매로 동네 입구니 다 온거나 마찬가지다.

집에 도착하면 밥먹고 둥구나무 아래로 다시 모이는데 달리기 연습을 하기 위해서다. 동네입구 둥구 나무는 오래된 느티 나무인데 그네를 매어 타기도 하고, 한여름에는 왕팅이(말벌) 집 때문에 무서워 가까이 가지 못했는데, 어른들이 벌집을 부셔 주시기도 했었다.

둥구 나무에서 출발해 완제네 새마당 앞에서 좌측으로 달리면, 오른쪽 안산에 상여집이 있어서 밤에는 무서워 혼자 못다니는 곳이다. 마당매까지는 마찻길이라 뛰면서 친구를 앞서갈수 있지만, 마당매 끝에서 좌측 뒷골 쪽으로 들어서면 논두렁 길이라 추월 하기가 어렵다 .

뒷골입구 뱀골 가는 길에서 좌측으로 틀어 언덕을 오르면, 둥구나무 아래로 되돌아 오는 400미터 정도의 불규칙 트랙인 셈인데, 헉헉 거리며 한참을 쉬었다 다시 뛰고는 했는데 언제나 완제가 1등을 했었다.

완제는 혀를 내밀고 뛰는데 친구들 중에는 제일 잘 뛰었다.

지금 천안에서 측량관련 사업을 하는데 그때 달리기 실력으로 들이나 산으로 잘 다닐거 같다.

추석 명절때는 한복 바지저고리를 입으신 아버지는, 동네 풍물꾼 틈에 끼셔서 괭가리나 장고를 치시던지 앞에서 춤을 추시곤 했는데, 그때는 아버지가 무척 챙피했었는데 지금 생각하면 꽤 멋이 있었던 분이셨다. 고향 마을에 갈 때 달리기 연습을 하던 트랙을 한번 걸어보면, 길도 넓어지고 상여집은 흔적도 없으며 천안 청주간 자동차 전용도로가 생겨 한 구간은 폐쇄되어 있다. 그래도 내가 부락반장 할 때 산에서 캐다 심었던 마당매의 노간주나무 몇 그루는, 아직도 길가에 크고 있어서 반가운데 헤아려 보니 40년 세월이 흐른 것이다.

고향 마을이 아파트가 들어 선다는 소식이 있고, 장작골 일대에는 우정힐스컨트리클럽 골프장이 생겼으며, 뱀골 옆 개경주 조금 지나 용산에 대단위 천안종합휴양지(천안 휴러클리조트&테딘워터파크)가 조성되어있다. 동네 앞에는 천안 청주간 자동차 전용 도로가 지나가 밤낮으로 자동차 소음에 시달리니, 가까이 누워계신 부모님과 장인 장모님도 편한 영면이 되지 않을 것 같다.

읍내 옆 남화리 일대에는 독립기념관이 들어선 이후 고향 모습은, 시계를 거꾸로 돌려서 어릴 적 추억을 마음으로 꺼내 볼 수 밖에 없어서 기억을 되돌려 본다.

여름휴가의 추억

섭씨 25도가 넘게 지속되면 열대야로 칭하는 폭서의 계절에, 경기도 가평까지 6시간 걸렸다느니, 동해안까지 10시간 걸렸다느니 하는, 귀동냥을 들으며 의무를 이행하듯 휴가를 가는 행렬에 지나간 여름휴가들의 추억이 떠오른다.

80년대 초 인천에서 근무하던 나는 부산에 있는 고향 여친을 만나기 위해서 부산행 무궁화 열차에 몸을 실었다. 피서객들로 꽉 찬 열차 안에는 여행객들의 즐거움과 열기가 가득했었다.

자연스럽게 마주 앉은 사람들과 인사하고 이야기 하다 보니 직장 동료 부인의 친구들인 아가씨들을 만났으니 대단한 인연이다. 이십대 초반의 청춘들이 말문이 트이니 재미나 호기심은 이루 말 할 수 없었다.

부산에 도착하자 전화번호라도 묻기를 바라는 표정의 아가씨들과 작별을 하고, 광안리 여친 집으로 가니 근처 숙소를 잡아 놓았다. 글쓰기를 좋아해 최소 10장 이상씩 편지 왕래로 사랑을 키워왔던 우리는, 사진기 들고 UN 묘지를 둘러보고 여친 언니들과 광안리 해수욕장에 해수욕을 하며 휴가를 즐기던 중, 아무도 없는 찬스가 생겨 어설픈 뽀뽀를 시도하다 거부당했지만, 그윽한 여친의 눈길은 사랑의 마음이 가득함을 알 수 있었는데, 그때 그 여친이 지금의 딸과 아들을 생산한 아내가 되었으니 서로 지조를 지킨 셈이다.

결혼 후 아내와 파주 공릉 저수지에 낚시 갔다가 한 마리도 못 잡고, 비오는 날 텐트 안에서 부둥켜안고 잠만 자고 왔던 어느 해의 여름휴가. 막내 동생까지 대동하여 피난민 보따리 보다 더 큰 배낭을 지고 대성리 강가로 휴가를 갔을 때, 산 닭을 텐트옆 말뚝에 묶어놓고 한 마리씩 잡아먹던, 노인까지 모시고 왔던 어떤 아저씨네 가족의 잊혀지지 않는 어느 해의 여름휴가.

여름철 음식이 상할까봐 살아있는 닭을 끌고 온 지혜이겠지만 피서지에서의 살생에는 눈살이 찌푸려졌었다.

해마다 여름휴가의 추억은 많지만 특별히 기억나는 휴가 중 특별한 기억을 더듬어 본다. 이십대에 만나 지금도 집안처럼 지내는 귀철이 형네와 불행 하게도 병으로 세상을 먼저 뜬 친구네와 세집이 회비를 거출해 여름휴가를 떠났다.

1986년으로 기억이 되는데 기차로 온양 온천에 가서 하루 자고 유성으로 가서 하루 잔 다음 계룡산 동학사에 들렀는데 어린 아이들 업고 걸리며 하는 여행은 생각보다 고단한 일정이었다.

식사를 해야 하는데 돌아올 차비를 계산 하더니 세상 뜬 친구가 슬그머니 자리를 뜨는 게 아닌가? 한참을 기다리자니 그 친구가 바가지를 하나 들고 오는데 김밥 꼭지가 수북한 게 아닌가.

그 친구는 식당에 가서 여행 중 경비가 떨어졌다고 사정해서 김밥 꼭지를 한 바가지 저렴하게 사온 것 인데 세 가족이 꿀맛으로 먹었던 기억이 나는데 건강을 잃어 일찍 하늘나라로 간 친구 생각이 간절하다.

지금도 호형호제 하고 지내는 K형네 가족과 후배 J군 가족 세 집이 포천으로 휴가를 갔을 때이다. 저녁에 도착해 숙소를 정하고 후레쉬를 준비해 투망을 들고 개울로 갔는데 장마가 심하게 지나간 후라 물고기가 없다. 할 수 없이 철원 가는 쪽 보 밑을 봐둔적이 있어서 차를 끌고 거기로 이동 했는데, 바다낚시 할 때 선장이 고기 많은 포인트 안내하는 기분이었다. 후레쉬는 J군이 들고 K형은 고기 그릇을 들고 필자는 투망을 치는데 다행이 물고기가 잡히는 편이었다. 물이 흠뻑 젖은 몸으로 원심력을 살려서 힘차게 투망을 뿌리는데 K형이

"억!"

하고 소리친다. 후레쉬를 비춰보니 우리의 K형이 보만들 때 들어간 철근이 튀어 나온 곳에 무릎 아래 종아리가 찢어져 피가 철철 흐르고 있었다. 괜찮다고 하지만 상처가 너무 깊어서 고기고 뭐고 집어 치우고 포천 병원을 찾아다니는데, 문 연 곳이 없다.

다행이 살림집과 같이 있는 병원에 문을 두드려서 치료를 받았는데, 이십여 바늘 이상을 꿰매고 약 발라 붕대를 감고 안도의 한숨을 쉬면서 숙소로 오는 중,

"K형! 내일 고기 잡을 장소나 봐 두고 갑시다."

필자의 말에 다들 동의하고 숙소인근 개울을 후레쉬 비추며 돌아보는데 개울가 옆길이 편치만 않았다.

하천 개량 사업을 한 좁은 콘크리트 옹벽 위를 걷는 구간을 지날 때 "어! 풍덩" 소리에 놀라 불빛을 비추니, 운동신경이 뛰어나지 않던 우리의 K형이 한 뼘도 안 되는 두께의 옹벽 공간을 지나다 균형을 잃고 물속에 빠진 것이다.

금방 병원에서 상처를 꿰매고 치료 받았던 다리를 또 물에 담갔으니 삐질 튀어 나오는 웃음을 참을 수 없었던 미안한 기억이 떠오른다. 그 후 영광의 상처는 자리할 때 마다 확인하고는 했는데 그 해 휴가의 기억은 특별히 떠오른다.

산이나 바다로 더위를 피한다는 피서.

산 바다 계곡 등 생활이 윤택해지며, 야외에서 피서나 피한을 여가로 즐기는 프랑스인들의 바캉스. 일상에서 벗어나 야외로 산책이나 식사 등을 하는 피크닉.

심신 단련과 수양을 목적으로 일상을 떠나는 하이킹.

학교 관청 회사 등에서 임금을 주며 휴식을 취하게 하는 하계휴가. 다양한 용어가 통용되는 레저 문화의 절정기 8월 초 폭서기에, 지나간 하계휴가를 더듬어 보며 우리의 K형 건강과 행운을 기도해 본다.

웅변과 중국집 우동

후배 사무실에 들러 점심을 먹는데 중국집 자장면 한 그릇씩 하자고 한다. 전날 과음한 사람은 짬뽕, 대부분 자장면 주문을 하는데

"나는 우동!"

하니 몇 사람이 쳐다본다.

"중국집 우동이 얼마나 맛있는데……."

즐거움 중 먹는 즐거움이 으뜸이라고 해도 과언이 아닌데 남의 떡이 커 보인다는 인간의 마음은 자장면 먹으며 남의 짬뽕 국물에 눈이 가기도 하고 짬뽕 먹으며 자장면 면발에 눈길이 가기도 한다.

그러다 보니 짬자면 같은 세트 메뉴를 여러 종류 개발해서 장사하는 중국집이 많은데 발 빠르게 소비자 욕구를 읽어 운영하는 것을 보면 베니스의 개성상인 안토니오 꼬레아 후손임이 확실하다.

중국집 음식을 먹을 때 모임 같은 경우 요리를 시켜먹고 웬만해선 자장면이나 짬뽕을 배달시켜 먹는데 간혹 탕수육이나 양장

피 같은 걸 시켜서 고량주나 소주 한 잔 곁들이는데 난 우동을 먹는다. 우동을 먹으며 자장면이나 짬뽕 그릇에 눈길이 가곤 하는 건 한 젓갈 먹고 싶은 충동이 있기 때문이다.

초등학교 5학년 때 엄덕영 교감 선생님의 권유로 웅변을 하게 되었다. 우리세대 초등학교 공부는 한글 깨우치고 구구단과 국민교육헌장 외우면 다 일 정도로 뛰어놀기 바빴는데 4-5학년쯤 되었을 때 문예반에 들어서 어설픈 글짓기 활동을 하다가 목소리가 우렁차고 크니 웅변을 하라는 교감 선생님의 칭찬에 자신을 얻고 시작하였다.

원고를 작성해서 선생님이 손 봐 주시면 소리 내 외워야 하는데 방과 후 교실에서 하자면 늦게 5리길을 혼자 걸어야 하기에 동네 뒷동산 너머 양지편 소나무 아래서 연습을 하였다. 어쩌다 나뭇짐 진 동네 어른이라도 만나면 쑥스러워 그 나뭇짐 진 동네 어른이 갈 때까지 조용히 기다렸다가 어둑해 질 때까지 소리 내어 연습을 하였다.

돌아가신 어머니는 교내 상이라도 타오면 좋아 하시면서도 한편으로 걱정을 하셨는데 웅변의 주내용이 반공, 멸공, 승공……. 이러한 것들이라 6.25를 겪으신 어머니는 사상 관련된 일을 당신 아들이 하는 걸 걱정하셨던 거였다, 중학교 진학 후 어머니의 걱정과 아버지의 갑작스런 별세로 중학교 2학년까지만 웅변을 했지만 그 후 여러 사람 앞에서 이야기하고 연단에 서고하는데 큰 밑거름이 되었다.

기억이 남는 웅변대회 중 천원군(당시 명칭) 웅변대회가 병천중학교에서 있었는데 김찬구 국어 선생님이 친구와 나를 데리고 출전하였다. 병천 장에서 점심을 사 주시는데 선생님은 자장면을 시키시고 우리한테는 우동을 시켜 주시며 “목청이 탁하면 안 되니까 너희는 우동을 먹으라” 하셨다.

그 후 웅변 연사는 목소리가 생명이라 탁한 음식을 먹지 말아야 한다는 생각에 우동을 즐겨 먹게 된 연유다. 지금도 술, 담배 등 탁하고 목청에 좋지 않은 것들을 많이 하면서 유독 중국 음식 시킬 땐 우동을 선호하는 것은 그 당시에 담임 선생님이 해주신 말씀이 생각났기 때문이다.

그 웅변대회에 아우내 중학교 배재천 학생이 1등을 하고 급한 준비로 원고도 다 외우지 못한 나는 장래가 촉망되는 웅변가가 될 거라는 평을 듣는 거로 만족해야 했다.

신기하게 1등 한 배재천 학생 이름이 기억되는 건 그 학생의 멋진 제스처 때문이다. 중간 중간에 목소리 높일 때 탁자를 치는 정도의 제스처 밖에 모르던 나는 하늘과 사방을 적절히 휘젓는 그의 제스처에 넋을 잃었었다.

중 2때 갑작스런 아버지의 별세로 순탄치 않은 학창 시절과 사회생활을 해 오면서 어디서든 자신감과 의지를 갖고 살 수 있었던 건 웅변을 통한 삶의 구도를 만들었기 때문이었다.

다들 그렇듯이 나이가 들면서 친구나 선생님께 연락도 자주 못하고 소홀해 지면서 가끔 엄덕영 교감 선생님과 김찬구 국어 선생님 생각이 나는데 교감 선생님은 오래전에 돌아 가셨고 국어 선생님은 오래전 교단을 떠나셨는데 큰 시련을 겪고 있다는 얘기를 전해 들었다.

국어시간에는 누구든 호명해서 책 읽기를 시키셨는데 한글을 못 깨우친 학우들도 더러 있었다.

시를 낭독할 때는 나를 많이 호명하셨고 자신감 속에 감정을 실어서 낭독이 끝나면 칭찬을 많이 해주셨던 기억이 난다.

형편상 어린 나이에 가장으로 방송통신, 직업훈련, 대학 특별과정 수료, 해외 연수 등 이런저런 공부를 하며 독서와 독학을 하고 어려운 현실이지만 몇 개의 시민운동과 봉사 단체에 소속되어 바르게 살려고 노력했던 밑바탕에는 웅변을 하면서 선생님들의 가르침을 잘 따랐다는 생각이 든다.

전철 풍속도

시내 교보문고에 들려오는 길이다. 봄비가 얼마나 오랴 하는 특유의 낙천성이 우산은 집에 두고 오가며 가랑비를 조금 맞았다.

얼마 전 어느 잔칫집에서 후배가 가벼운 월간지 한 권을 줬는데 가방에 꽂아 둔 게 기억나 전철 안에서 꺼내 읽기 시작했다. 한 150여 페이지가 남아서 다 읽고 문고에 가려고 남은 페이지 반을 접어서 표시해 놓고 계속 읽었다.

문고에는 자료 좀 찾아보고 신간을 둘러볼 예정이었기에 시간이 넉넉해, 종각역에서 내려야 하지만 반 표시한데 나올 때까지 계속 읽다 보니 수원역 가까이 금정역이다. 내려 반대차선 전철을 타고 되돌아오면서 나머지를 다 읽으니 시청역이라, 읽은 잡지 선반에 올려놓고 문고에 들려 일을 보고 귀가하였다.

독서광 나폴레옹은 한번 읽은 책을 내다 버리게 했다는 일화가 있다. 실지로 버리는게 아니고 다른 사람이 읽기를 바라는 배려였던 것이다.

영상문화에 익숙한 현실들 어쩔 수는 없지만 – 그래서 출판계가 어렵다 하는데 읽은 책이라도 돌려 보자는 취지로 미국서 생겨난 북 크로싱(book crossing) 운동을 생각하면서 잡지 한 권을 전철 선반에 올려놓고 가려고 시간을 늘려 다 읽은 것이다.

저 한권의 잡지가 다른 사람의 여행에 즐거움이 되어지기를 소망해 본다.

이튿날 볼 일이 있어 또 전철을 타게 되었다.

자리에 앉자마자 신문을 펴 들고 보다가 주변을 둘러보게 되었다. 이것저것 읽는 것을 좋아하는 나로선 혼자 전철을 타는 경우 나름대로 행복하고 유익한 시간을 만끽한다. 일행이 있는 경우는 그리할 수 없지만 다른 교통수단에 비해 흔들림도 적고 계절에 맞춰 냉온방 챙겨주고 요금도 저렴하니 얼마나 좋은가.

오늘은 신문을 읽다가 접고 표시나지 않게 눈으로 주변 관찰을 하기로 했다.

마주 앉은 아가씨의 핸드폰 자판 속도가 장난이 아니다. 한 사람은 엠피쓰리 손에 쥐고 이어폰 귀에 꽂은 채 눈을 감고 있다. 그 옆의 아저씨 핸드폰 꺼내들고 게임 하는 듯 한 사람 건너 나이 지긋하신 할아버지는 돋보기 꺼내 쓰고 핸드폰 문자 읽는 중이고 그 맞은 편 시골서 온 듯한 중년 부부는 자식하고 통화 하는 듯 온 칸이 시끌벅적하다. 그 옆의 학생은 소리 없이 핸드폰 액정만 들여다보는게 디엠비폰으로 텔레비젼 보는지 스마트폰으로 인터넷 하는지 몰두해 있다.

전철 한 칸을 영화 찍 듯 돌아보자니 남녀노소를 불문하고 70% 정도가 핸드폰 꺼내들고 뭔가에 열중들 한다.

전철 타면 조그만 포켓북부터 학생은 교과서나 참고서, 일반

인은 어학이나 시사물. 신문. 잡지 펴들고 자투리시간 유용하게 써 먹던 게 시절이 그리 오래되지 않은 듯한데, 편리성의 산유물인 핸드폰 질로 통일돼 가고 있는 것 같다.

나도 핸드폰 문자를 자주 사용 하지만 편지 써본 것이 금년에 한 번 뿐이니 변해버린 전철 풍속도를 확실히 느끼게 된다.

문화와 문명의 발달이 삶의 질과 형태를 바꿔 놓지만 왠지 개운치 않은 감정이 들며 빠르게 변해가는 세상의 속도를 느끼게 된다.

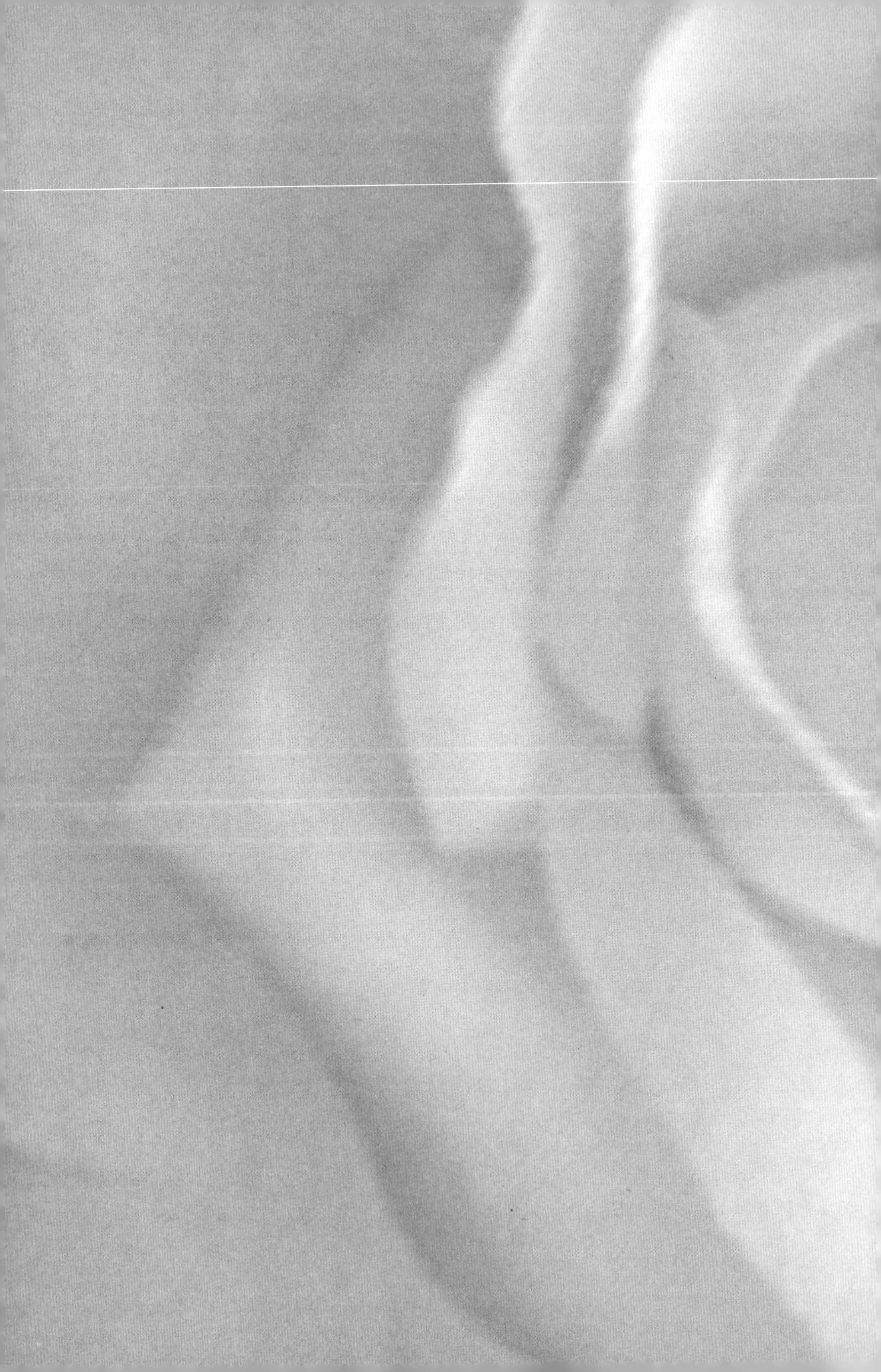

김장곤

- 호: 顥庭, 경남 하동 출생, 법학박사
- 동국대 및 동대학원 졸업, 고려대 경영대학원 수료
- SK건설 상무, 동국대 법대 강사, 성균관 전학
- 『국제문예』 수필부문 등단, 한국문인협회 회원
- 현) 韓國典禮院 副院長 겸 敎授, 국제문인협회 감사

퇴후지지(退後之地)

오늘은 둘째 동생의 회갑(回甲)날이라 원주를 다녀왔다. 모이는 장소는 치악산 밑 어디로 오라는 것이다. 지도(地圖)도 없이 말만 듣고 찾아가기는 쉽지가 않아 몇 번이나 물어본 후에야 도착할 수가 있었다. 그러나 그곳은 산속으로 깊숙이 들어가는 막다른 길인데다 골짜기에는 조그마한 밭(田)만 있었다. 길도 좋지 않은데 "왜 하필이면 이곳으로 장소를 정하였을까?"하고 그 이유가 궁금하여 졌었다.

어쩌면 이곳이 "퇴후지지가 아닐까?"하는 생각이 얼른 떠오른다. 옛날, 우리의 조상들은 40대가 되면 두 가지를 준비한다고 한다.

하나는 신후지지(身後之地)요. 또 하나는 퇴후지지(退後之地)이다. 신후지지는 자기가 죽은 후의 묏자리를 말하고 퇴후지지는 퇴직 후에 그리고 노후에 쉴만한 땅을 가르친다. 공기가 좋고 물이 맑으며 숲이 우거진 조용한 곳에다 아담한 집을 지어놓고 자연과 더불어 살 수 있는 그러한 곳과 그러한 땅을 말한다.

그래서 더욱 관심을 가지고 주위를 살펴보았다.

사방이 능선으로 둘러싸이어 있으면서 양쪽에서 내려오는 작은 계곡이 밭 밑에서 합수(合水)를 하고 있다. 바람도 막아주고 햇볕도 잘 들어오는 마치 분지(盆地)같은 땅으로 포근하게 느껴지는 분위기가 마음에 든다. 나중에 알고 보니 역시 몇 년 전에 퇴후지지의 목적으로 매입을 하고 맹지(盲地)인 땅에다 철근콘크리트로 다리를 놓아 길을 만들었다고 한다. 나무와 넝쿨이 얽혀져있는 구릉지에 축대를 쌓고 밭을 일구어 고추, 땅콩, 토란, 들깨, 부추 같은 여러 종류의 밭작물을 가꾸고 있다. 가장자리에는 유실수(有實樹)와 관상수(觀賞樹)를 많이 심어 놓고 훗날 집을 짓게 되면 제 자리를 찾아 옮길 생각이라고 한다.

그리고 한쪽 산비탈에는 벌통이 여기저기에 놓여 있다. 어림잡아 스무 통은 넘을 것 같다. 개중(個中)에는 간혹 빈 것도 보인다. 그러나 특히 놀라운 것은 이곳에 있는 벌은 다른 곳에서 사오거나 얻어온 것이 아니고 모두 스스로 날아 와서 이곳에서 분봉(分蜂)을 하여 늘어난 숫자이다. 물론 그 동안에 떠난 벌도 있었다고 한다. 그렇지만 이곳으로 유도(誘導)하기 위해 밑이 없는 네모난 상자뚜껑 속에 꿀을 발라 높은 나뭇가지에 매달아 둔다. 그러면 분봉을 위해 날아가던 벌들이 그 자리에 앉아 잠시 쉬거나 머무른다. 이때에 연결되어 있는 줄을 조심스럽게 당겨서 새로운 벌통으로 옮겨 놓는다.

그리하여 벌은 이곳에서 정착(定着)을 하고 꿀을 만든다. 이것이 우리가 말하는 토종벌꿀이다. 그러나 벌의 식량이 모자랄 것 같으면 꿀을 뜨지 않는다. 벌들은 1kg의 꿀을 만들기 위해서 650만개의 꽃송이를 찾아다녀야 한다고 한다.

또 다른 곳에는 두 마리의 개(犬)가 보인다. 쉬고 있는 것 같으나 자세히 보면 한 마리씩 떨어져서 경비를 하고 있다. 주인이 없는 오랜 시간에도 이곳을 지킬 수 있도록 옆에는 항상 사료를 놓아두고, 먹고 싶을 때 먹고, 먹고 싶은 만큼 먹는 완전히 자율급식(自律給食)을 하고 있다.

이렇게 주위를 둘러보고 서로 사는 이야기를 하다가 서울로 돌아 왔다. 형제들 간의 모처럼의 만남도 반가웠지만 자연과 어울리는 삶의 자세와 지혜를 엿볼 수 있었던 것은 많은 것을 느끼고 많은 것을 생각하게 하였다. 보이는 곳 보다는 보이지 않는 곳에 보다 깊은 정(情)이 있었고, 받는 것 보다는 주는 것이 앞서는 자연의 섭리(攝理)가 그곳에 있었다.

길이 없던 산골짜기에 다리를 놓음으로써 불편했던 이웃들에게는 농로(農路)가 되었고, 비탈진 언덕에는 등산로가 되었던 것이다. 옛집을 떠나 새로운 보금자리를 찾는 벌들에게는 편안한 안식처를 만들어 놓고 관심과 정을 주는 새로운 주인을 그 누가 싫다고 하겠는가?

경비를 하는 개(犬)에게도 집과 먹을 것을 걱정 없이 만들어 주니 주인을 위한 충성을 아니 할 수가 있겠는가?

화분에 심어져 있는 화초도 주인의 정성을 느낀다고 한다.

관심을 가져준 화초는 보다 빨리 자라고 보다 튼튼히 자라지만, 관심을 두지 않는 화초는 시들고 병약해 지기 마련이라고 한다. 지금 밭에 있는 농작물도 주인의 많은 관심과 사랑을 받은 결과 그렇게 아름답고 싱싱하게 자라고 있는 것이라고 믿어진다.

더구나 오늘은 동생의 회갑날이다. 그리고 장수(長壽)를 축원 받는 헌수가장례(獻壽家長禮)로서 가장 의미있는 수연례(壽筵禮)의 날이기도 하다.

그러나 그러한 분위기는 보이지 않았고 인생의 아름다운 마무리를 위한 자연과의 어울림은 이미 산속의 사람이 되어 있었다.

세계최대 반도체기업의 인텔(Intel)회장이었던 배럿(Barrett)이 초고속 삶에서 시골산장 주인으로 변신한 것은 속도가 아니라 편안함과 여유를 택하였던 것인지도 모를 일이다. 가정의 의무나 사회적 역할을 할 만큼 한 사람들에게 있어서는 여유와 마무리가 보다 필요하리라 믿고 있기에 말이다.

그렇다면 나의 퇴후지지(退後之地)는 어디에 있는 것일까?

문단의 등단에 늦깎이로서의 부끄러움을 느끼면서도 이렇게 글을 쓰고 있다는 사실에 대하여 무한한 감사를 드린다. 미흡한 글이나마 읽어주는 것만으로도 커다란 보람이거늘 행려자(行旅者)가 귀의(歸依)할 수 있는 곳이 바로 "이곳이 아닐까?" 하고 스스로에게 물어 보고 싶다.

섬진강(蟾津江)

우리나라의 강은 대부분 서해로 흐르고 있다. 그러나 섬진강은 다르다. 동남쪽으로 흐르면서 몇 가지 특이한 점을 가지고 있다. 지형지물(地形地物)로서의 역할이 너무 뚜렷하였고 이름으로 부르게 된 연유(緣由)가 유별나며 주변이 매우 아름다운 것이 또한 다르다.

섬진강은 전라북도 진안군과 장수군의 경계에 있는 팔공산에서 발원을 하여 전라남북도와 경상남도의 하동포구를 지나 광양만으로 흘러들어간다. 길이가 212km나 되는 우리나라 5대강 중에서 4번째의 강이다. 배후에는 지리산과 백운산이라는 큰 산이 있다. 그러면서 한반도의 남쪽에서 지형을 동서로 구분하는 중요한 지형지물(地形地物)이 되어 왔다.

삼국시대에는 신라와 백제의 국경이 되었고 근세에 와서는 전라도와 경상도의 도계(道界)가 되고 있다. 그로인하여 양쪽지역은 관습이 다르고 말의 억양이 다르며 문화가 다르게 되었다.

강의 이름을 부르게 된 연유가 다르다는 것은 섬진강만이 가

졌던 사연(事緣)이 있었다. 사람의 이름을 지을 때처럼 자원오행(字源五行)이나 어떤 수리(數理)를 따졌던 것도 아니고 동물의 습성(習性)을 호국의 정신으로 승화(昇華)시킨 우리 조상님들의 비원(悲願)이 그곳에 있었기 때문이다.

옛날부터 전라남도 광양군에는 진상면의 섬거리와 다압면의 섬진리라는 곳이 있다. 모두 두꺼비와 관련된 이름이다. 고려 말경에는 왜구가 자주 침범하여 우리의 재산을 약탈하고 만행을 자행하였다. 그러던 어느 날 그곳에서 놀라운 괴변(怪變)이 일어났다.

고려 우왕 (1366년)때 왜구가 또 침범함으로 이번에는 두꺼비 수만 마리가 섬진리로 몰려와 울부짖었다. 그것을 본 왜구들이 겁이 나서 나루로 올라가지 않고 도망을 갔다. 그리고 그 후에도 왜구가 침범할 때마다 그런 현상이 일어나 왜구들을 쫓아 버림으로서 그 때부터 강 이름을 두치강(豆恥江)에서 섬진강(蟾津江)으로 바꾸었다. 그래서 강(江) 이름에 두꺼비섬(蟾)자와 나루터라는 진(津)자를 부쳐서 섬진강이라고 부르게 되었다고 한다.

이것은 강 이름에다 동물의 이름을 붙이고 호국의 정신을 기리는 유일한 경우이다.

섬진강 주변에는 아름답고 유서 깊은 곳이 많다.

큰 평야가 없는 좁은 계곡으로 유속(流速)이 빨라 물이 맑고 공기가 좋다. 구례에서 하동까지 섬진강을 따라 가는 도로는 우리나라 내륙에서 가장 아름다운 길이라고 국내 여행가들은 말하고 있다. 특히 섬진강 줄기에는 아름답기로 유명한 화개고을이 있다. 화개장터에서 부터 쌍계사까지 벚꽃이 피는 3, 4월이 오면 아름다움은 절정에 달한다. 이젠 고목이 다된 나무에서 피는 십리의 벚꽃 길, 그들 나무 사이의 홍도화, 다랑 논에 파랗게 자라고 있는 보리밭, 비탈진 산에 잘 다듬어진 작설차(雀舌茶)나무, 그리고 온 산에 피어 있는 여러 종류의 꽃들, 그러면서 그 가운데로 계곡을 따라 흐르는 시냇물, 이 모든 것이 잘 어우러진 한 폭의 그림과 같은 화개동천(花開洞川)은 그야말로 무릉도원(武陵桃源)이 바로 이곳이라는 탄성(歎聲)이 저절로 나오는 곳이다.

흩날리는 꽃잎을 맞아가며 오솔길 같은 꽃길을 맨발로 걸어가는 젊은 여인들의 모습은 오히려 보는 사람의 마음을 취(醉)하게 만든다. 사랑하는 사람과 그 길을 걸으면 기쁨과 즐거움을 함께 나누는 합환(合歡)의 길이 되고 결혼으로 이어지는 동심결(同心結)이 되는 길이다. 꽃 화(花) 열 개(開) 라는 이름을 가진 화개는 그 이름처럼 온천지가 꽃이 열리는 고장이다. 그래서 겨울에도 칡꽃(갈화: 葛花)이 피고 작설차(雀舌茶)의 시배지(始培地)가 된 곳이기도 하다.

뿐만 아니라 섬진강하면 하동의 송림을 빼놓을 수가 없다. 강변에 심어져 있는 푸른 소나무는 흰 모래밭(白沙場)과 너무 잘 어울린다. 이것이 백사청송(白沙青松)이다. 거기에다 봄이면 꽃소식을 제일먼저 알려주는 매화단지가 있고, 피아골의 단풍이 있으며, 노고단, 불일폭포, 화엄사, 쌍계사, 칠불사, "역마"의 화개장터, "토지"의 평사리가 있다.

시인, 묵객(墨客)들이 많이 찾아와서 이곳을 무대로 많은 글을 쓰는 정신적 고향이다. 이곳의 풍정(風情)을 느껴 본 사람이라면 누구라도 한번쯤 "섬진강을 노래하고 싶지 않은 사람이 어디에 있겠는가?"

또한 섬진강 물속에는 잉어 은어 쏘가리 뱀장어 참게 등 많은 생명이 살고 있다. 다른 강에 비해 물이 맑고 깨끗하여 물고기가 많다. 국내에서 정관(精管)수술을 하지 않은 유일한 강이다. 어도(魚道)가 막히지 않아 계절 따라 어군(魚群)의 이동이 이루어지기도 한다.

이른 봄에는 황어가 산란을 하기위해 상류로 올라오는 반면 가을철에는 백로(白露)가 지나면 은어(銀魚)와 참게가 역시 산란을 위해 바다로 내려가고 이듬해 봄에는 치어가 대신 상류로 올라온다. 수박냄새가 나는 은어는 맛이 일품이라 옛날에는 임금님께 진상(進上)을 하였다고 한다. 근년에 와서는 주말이면 서울을 비롯하여 외지의 강태공들과 일본사람들이 많이 와서 은어 낚시를 즐기기도 한다. 그러나 섬진강의 특산물은 단연 재첩을 빼놓을 수 없다. 시원하면서도 담백한 맛은 다른 강의 재첩과는 비교할 수도 없기 때문이다.

이처럼 깨끗하고 아름다운 섬진강에 전생의 어떤 보은(報恩)을 입었는지 나는 이곳에서 태어나 섬진강과 더불어 살아가고 있다. 참으로 커다란 축복이 아닐 수가 없다. 그렇지만 이곳에 잊어지지 않는, 아니 평생에 잊을 수 없는 가슴 아픈 일이 있었다.

50여 년 전 초등학교 교사로 부임하였던 해의 여름날 오후였다. 한 학생이 교무실로 뛰어와 학생들이 강물에 빠졌다고 전하였다. 그 학생이 누구냐고 물어볼 겨를도 없이 정신없이 뛰었다. 500m정도 떨어진 강물 옆에는 두 세 사람이 이미 와 있었다. 상의와 신발만 벗은 채 강물에 뛰어들어 4~5m 물밑으로 잠수를 하고 부옇게 보이는 몸을 붙잡고 물 밖으로 나왔다. 물을 토하게 하고 인공호흡을 시켜보았지만 소용이 없었다. 그 학생은 내가 담임을 하고 있는 여학생이었다. 지금은 교실이 잘 보이는 뒷산에 편히 잠들어 있다.

그로부터 2년 후 나는 교사직을 그만두고 학교를 떠났다.

하지만 그때에 안전교육을 조금만 더 하고 인공호흡을 시키는 방법을 조금만 더 잘 할 수 있었더라면 하는 자책(自責)의 마음은 예나 지금이나 항상 뇌리에서 떠나지를 않는다.

섬진강은 나의 고향이요 나의 삶의 터전이다.

그러면서 섬진강은 자연의 아름다움을 주었고 인내와 포용의 미덕을 가르쳐 주었다. 그러나 이러한 섬진강이 지금은 시들어 가고 병들어 가고 있는 것은 무슨 원인에서 일까?

우리들 인간은 많은 것을 받기는 하였지만 돌려준 것은 아무것도 없기 때문이리라. 강바닥의 모래를 함부로 퍼내어 내륙 깊숙이 짠물이 올라오고 생태계에서는 많은 변화가 일어나고 있다. 종패(種貝)의 씨까지 훑어가는 욕심이 이렇게 섬진강의 재첩을 죽이고 있는 것이다.

상류 지역의 공장에서 흘러나오는 오폐수는 강물을 먹고 사는 사람이나 물고기에게는 바로 독약이 되고 깨끗한 강물을 탁류(濁流)로 만드는 주범이 되고 있다. 게다가 인근 공단의 공업용수의 사용은 섬진강을 더욱 더 피폐(疲弊)하게 만들고 있다.

물(水)은 우주생성의 근본이고 생명의 기본이다.

받기만 좋아하고 주는 것이 없는 우리 인간들도 이젠 자연에 되돌려주면서 더불어 살아가고 어우러져 살아가는 모습을 보여 주었으면 하는 소망이 간절할 뿐이다.

그리하여 보다 깨끗하고 보다 아름다운 섬진강으로 오래오래 우리 곁에 있어주었으면 하는 마음 또한 간절할 뿐이다.

주례(主禮)

주례란 혼인예식을 주관하는 사람을 말한다. 다른 회의는 대부분 사회자가 진행을 하지만 혼례(婚禮)에 있어서는 어디 까지나 주례가 주관을 한다. 이것이 다른 의식(儀式)과는 특별히 다른 것이다.

우리 전통혼례에 있어서는 마을에 덕망 있는 어른이 홀기(笏記)에 따라 진행을 하였으나 서양의 문화가 들어오면서 교회의 목사님이나 신부님께서 혼인서약을 받고 설교를 하던 것이 전통혼례와 복합이 되면서 새로운 형태의 주례로 자리매김이 되었고 축복과 격려를 포함한 덕담이 자연스럽게 주례사로 변(變)하였다.

그래서 주례는 어디에 명시 된 것은 아니지만 아무나 할 수도 없고 아무에게나 부탁도 하지 않는다. 신분이 높고 학식이 많다고 주례를 잘하는 것도 아니고 강의(講義)나 연설을 잘한다고 해서 멋있는 주례가 되는 것도 아니기 때문이다. 인품도 훌륭해야 하고 덕망도 있어야 하며 대중 앞에 설수 있는 뱃심과 담화(談話)능력도 있어야 한다. 자력(磁力)있는 목소리면 금상첨화(錦上添

花)다.

주례사 내용은 뷔페(buffet)나 비빔밥처럼 뭉뚱그리는 것 보다는 한 가지씩 개별 접시에 담는 것이 제대로의 맛을 느낄 수 있고, 직설(直說)이나 직유(直喩)보다는 은유(隱喩)적으로 표현하는 것이 거부감도 없고 기억에 오래 남을 것이며. 교육이나 연설, 설교와 같은 화법이 아닌, 정(情)이 담긴 훈화(訓話)이어야 한다고 생각하고 있다.

이와 같이 주례인으로서 능력을 갖추기 위해, 본인 스스로 노력하는 경우도 있지만 주례를 양성하는 전문학원에서 소정의 과정을 수련하는 경우도 있다. 나 역시 이런 과정을 거쳐 현장에서 경험을 쌓고 몇 년 전부터는 전수(傳授)자의 입장에 있으면서 주례전문 인으로 활동을 하고 있다.

그러던 중 오늘은 인천시 부평구청역 부근에 주례를 다녀왔다. 가는 시간 2시간 30분, 예비시간 30분, 미리 도착시간 60분을 합쳐 네 시간을 소급해서 오전 10시에 월곡역을 출발하여 오류동역을 지날 무렵에 핸드폰으로 신호가 왔다.

"오늘 주례로 오시는 선생님 아니세요?"

"예. 그렇습니다."

"그런데 지금 어데 쯤 오세요?"

"오류동역을 지나고 있습니다."

"예식시간이 12시 반 인데 많이 늦었으니 좀 빨리 오세요."

라고 하는 것이다. 오후 2시로 알고 여유 있게 출발을 하였는데 이게 무슨 날 벼락이란 말인가?…

그리고 곧 이어서 나에게 주례를 의뢰한 분으로 부터도 같은 내용의 전화가 왔다. 사실이 그렇다면 원인이야 어찌되었건 낭패가 아닌가?

의뢰를 받고 관계자들에게 확인을 하였었기에 나의 착오는 아니라고 내가 나를 믿으면서도 왠지 마음은 초조하고 불안해지기 시작하였다.

"가슴이 답답하고 온몸에 열이 오른다. 어떤 방법이 없을까? 전달과정의 책임이야 나중에 규명을 하면 되겠지만 주례가 펑크난 예식을 어떻게 수습한단 말인가?"

그렇다면 부평역에서 인천지하철로 환승을 하지 말고 택시로 곧바로 가기로 하고 계획을 바꿔 허겁지겁 도착하여 예식장에 들어가 보니 어느 분이 주례석에 앉아 있었다. 일면 마음이 놓이면서도 한편으로는 기분이 좋지는 않았다. 예식장 측의 답변은 1시간 전에 도착을 하도록 약속을 하였는데 30분이 지나도 나타나지 아니하여 급한 마음에 그 사람에게 독촉을 한다는 것이 실수로 나에게 전화를 했다는 것이다. 이렇게 하여 나의 초조와 불안은 가셨지만 다음 예식시간 까지 1시간 40분이라는 시간은 너무나 긴 기다림의 시간이 되고 말았다.

"기다리는 시간을 어떻게 보낼까?" 생각하다 앞 시간에 진행하는 다른 예식을 보기로 하였다. 그러나 조금 전에 있었던 일이 잊혀 지지 않고 오히려 그로 인하여 그 동안에 있었던 여러 장면들이 생각나기만 하였다. 혼인서약서가 다른 사람의 것으로 바뀐 경우도 있었고, 신랑은 동쪽 신부는 서쪽으로 예절방위(禮節方位)가 되어 있으나 90%이상이 반대로 서고 있으며, 절(bow)을 시킬 때 "경례(敬禮)" 라는 동령(動令)을 사용하여야 함에도 불구

하고 "인사(人事)" 라는 말을 쓰는 것을 보면 어느 개인의 잘못만이 아닌 것 같기도 하였다. 주례사로 5~6분 정도면 좋을 것을 20분~30분이나 소설을 씀으로서 불평을 사기도 하고, 하객들이 떠든다고 화를 내는 주례도 있었다.

어느 종교식 혼례는 남(他)의 시간까지 사용하는 경우가 간혹 있어, 앞 순번에 종교 식 혼례가 있을 때는 바짝 긴장하기도 한다. 요즈음 성행하는 이벤트의 어떤 장면은 보는 사람이 오히려 민망스러울 때도 있었다.

모두 마땅히 시정되어야 할 내용들이다.

그러나 이런 것은 예식순서나 진행에 넣었으면 하는 것도 있다. 우리의 전통혼례에는 전안례(奠雁禮)나 합근례(合巹禮)와 같이 매우 아름다운 것이 있다. 전안례는 사랑과 일심(一心)의 상징조(象徵鳥)인 기러기를 예식 전에 신랑이 신부 측에 전하는 것이고, 합근례는 두 쪽으로 갈라진 표주박(瓢)을 하나로 합친다는 의미로서 신랑 신부의 술잔으로 사용하는 절차로서 현대의 혼례의식에 잘 접목하면 의미 있고 보기 좋은 모습이 되리라고 생각되어 지기도 하였다.

기다리는 시간도 다 되었다. 그리고 예식도 끝나 마지막으로 신랑신부에게 다시 한 번 축하를 하는 순간, 눈물이 살짝 보인 눈에 얇은 미소를 띤 신부의 얼굴은 너무나 사랑스럽고 아름다우며 행복하게만 보여졌다.

오전 10시에 출발하여 오후 5시 반에 귀가하였던 오늘의 주례는 고희(古稀)를 넘긴 나에게는 조금 피곤하기는 하였으나 마음만은 어느 때 보다 보람 있는 하루이었다고 느껴진다. 인생에서 가장 행복한 시간을 누리는 신랑 신부에게 마주서서 축복을 하여주는 그 사람 역시, 아무나 가질 수 없는 정복(淨福)을 받고 있기 때문이다.

비록 잠시 동안의 소동(騷動)이기는 하였지만 이와 같은 일들이 실제로 일어나지 말았으면 하는 마음은 비단 나만의 바람은 아니리라 희원(希願)하여 본다.

주례의 약속시간 이행! 그것은, 모든 주례인 들에게 있어서는 반드시 지켜야 할 철칙(鐵則)이리라……

답차 유감(踏車遺憾)

답차(踏車)란 발로 밟아서 돌리는 차(車)를 말한다. 우리가 요즈음에 많이 이용하고 있는 달리고(running) 걷는(walking) 운동기구인 '런닝 머신(running machine)' 을 가리킨다. 영어로는 '트레드 밀(tread mill)' 이다. 농촌에서 가뭄에 물을 퍼 올리기 위하여 발로 밟아 돌리는 물레바퀴(water wheel)나 다람쥐가 돌리는 쳇 바퀴 (tread wheel)와 비슷하다. 다만 수평과 수직의 원리가 다를 뿐이다.

그러나 답차는 원래 감옥에 있는 죄수(罪囚)에게 발로 밟아 돌리게 함으로서 징벌(懲罰)을 주기 위한 도구였으나 그것이 오늘날에 와서는 '운동기구로 발전된 것이 아닌가?' 하고 생각되어지기도 한다.

다람쥐가 돌리는 쳇 바퀴는 다람쥐가 그 안에서 뛰거나 달림으로서 돌아간다. 우리가 사용하는 런닝 머신(踏車: tread mill) 역시 사람이 전원(電源)을 넣고 작동(作動)을 시키고 조작(操作)을 함으로써 기계가 돌아가고 그것을 이용하여 걷고 뛰면서 운동을 한다. 그러나 기이(奇異)하게도 차(車)가 운전사(運轉士)도 없이 제 혼자서 돌아가고 있다면 어떻게 될까?

승객은 그런 사실도 모르고 그 차를 탔다면 과연 괜찮을까?

모두 웃기는 이야기이고 생각할 수도 없는 일이라고 할런지도 모른다. 그렇지만 이와 같은 일이 두어 달 전에 어느 헬스장에서 실제로 일어난 것을 어떻게 부정하랴……

나는 저녁 무렵에는 특별한 일이 없으면 헬스장을 찾는다. 이젠 종심(從心)을 지나 희수(喜壽)나이에 가까워지고 보니 건강과 체력이 좋은 편은 아니다. 그 날도 평상시와 같이 운동복으로 갈아입고 간단한 준비 운동을 하고 별다른 주의(注意)나 확인도 없이 사람이 없는 '런닝머신' 위로 발을 올려놓았다.

그런데 바로 그 순간!

앞으로 넘어지고 얼굴과 머리가 기계 바닥과 몇 번이나 부딪친 후에야 밖으로 튕겨져 나왔다. 그저 한동안 정신없이 멍 한 상태로 있었다. 쓰고 있던 안경도 부러져 나안(裸眼)으로는 사물이 잘 보이지 않아 모두가 부옇게만 보였다. 얼굴은 온통 피투성이고 상처가 몇 곳인지 알 수도 없었다. 급히 가까운 정형외과로 가서 치료를 받았다. 얼굴에 몇 바늘을 꿰매고 여러 곳에 지혈과 치료를 하고 나서야 안정을 조금 찾았다. 거울을 보니 조금 전에 나(我)와는 너무나 다른 모습이었다.

도대체 어떻게 하다가 이런 꼴이 되었단 말인가?

기계를 조작하지도 않았고 사람이 없는 '런닝머신'에 올라갔을 뿐인데… 그것도 한발을 올려놓는 그 순간에 중심을 잡지 못하고 나가 떨어졌고 몇 번인가 바닥과 부딪치다가 기계 밖으로 밀려나간 것으로 느껴졌다.

그렇다면 왜 이런 일이 일어났을까?

헬스장 관리를 맡고 있는 관장(館長)의 말에 의하면 한 회원이 바로 그 자리에서 운동을 하다가 기계를 정지 시키지도 않고 자리를 떴다는 것이다. 무슨 급한 일이 있었는지 아니면 다시 돌아와서 운동을 계속할 생각이었는지는 모르겠으나 그 후 약간의 시간이 지났다고 하였다. 그러나 나는 그것도 모르고 기계의 움직임이나 바닥은 보지도 않고 '런닝머신'에 발을 올려놓음으로서 사고가 발생하게 되었다고 한다.

이럴 때 나는 어떻게 하여야 하는가?

당장 우선적으로 처리하여야 할 일이 있다. 바로 뒷날 계획되어 있는 강의를 뒤로 연기하거나 다른 강사로 대체하여야 하고 2~3일 후 토요일과 일요일에 각각 의뢰를 받았던 주례를 다른 사람을 모시도록 하여야 할 것 같다.

그렇게 하고나서 사고에 대한 책임을 따져보기로 하였다. 모든 것을 내 탓으로만 돌리고 조용히 있어야만 하는가? 아니면 책임소재를 분명히 따져야 하는가? 그 보다는 앞서 헬스장관리 책임자의 의견을 들어보기로 하였다. 그렇지만 그는 완전히 적반하장(賊反荷杖)이다. 모든 것이 사용자의 실수이며 시설 측의 잘못이나 책임은 조금도 없다는 주장이다.

과연 그럴까? 아니! 그것은 아닌데… 그들에게서 그 어떤 자비를 기대하지는 않았지만 고객에 대한 태도나 말이 상식을 벗어나고 있었다.

내 자신이 주의의무(注意義務)에 대한 위반을 어느 정도 인정

한다 하드래도

첫째. 기계를 정지시키지도 않고 자리를 떠난 원인 제공자에게는 책임이 없는가?

둘째. 헬스장 주인으로서는 위험한 운동기구가 있는 관계로 언제든지 예견되는 사고의 가능성에 대하여 운영업체로서 주의의무를 다 하였는가? 사전에 사고 가능성을 고지(告知)하였는가? 운동기구 조작에 미숙한 사람들에 대하여 사고 예방대책은 있었는가? 불특정 다수인이 사용하는 공간에서 사고 예방활동을 하였는가? 찜질방에 왔다가 헬스장에 들르는 다중(多衆) 이용인(利用人)들에게 헬스장 사용에 대한 사고예방조치는 하였는가?

셋째. 행정관서 역시 사고 예방에 대한 주의의무는 위반하지 아니하였는가? 특히 체육시설 설치 및 관리에 대한 법령은 잘 준수하였으며 벌칙사 항에 대하여 문제는 없었는가? 어디까지가 과실책임(過失責任)이며 무과실책임(無過失責任)은 인정 되지 않는가?

따져보아야 할 문제가 하나 둘이 아닌 것 같았다. 그리하여 그 다음 날 창피를 무릅쓰고 얼굴에 흉한 모습 그대로 구청장 실을 찾았다.

안전사고에 대한 경위와 내 나름대로의 분석내용을 제시하고 행정관서의 역할과 조치사항 등 몇 가지를 촉구하면서 오늘과 같은 제 2, 제 3의 사고가 나지 않기를 소망하고 기대하는 건의서를 제출하고 돌아왔다.

그리고 3일 후 헬스장 측에서 전화가 왔다. 이번 안전사고에 대하여 전혀 책임이 없다는 바로 그 책임자의 전화다. 위로(慰勞)와 더불어 치료비는 얼마나 들었느냐는 것이다. 전화를 끊어버렸다.

다음날 또 전화가 왔다. 또 전화를 끊으면서 전화를 하지 말라고 하였다. 물어볼 것도 없이 관계부처에서 현장 확인을 하고 위반사항을 조사를 하니 이제는 태도가 달라지는 것 같기도 하였다. 체육시설 설치 및 관리에 따른 위반사항과 벌칙사항이 나타나기 때문이라는 지레짐작이 들기도 하였다. 경우에 따라서는 시설운영에 어려움을 가져올 수도 있을 것이라는 생각이 앞서가기도 하였다.

그러나 나는 그들에게 처벌이 오는 것을 진심으로 원하는 것은 아니었다. 앞으로 이와 같은 사고가 일어나지 않기를 염원(念願)하면서 마음 놓고 운동을 할 수 있기를 바랄뿐이다.

그리하여 2주가 지나고 상처가 어느 정도 아물었을 때 책임자를 만나 내가 입은 상해와 피해에 대한 치료비나 배상은 요구하지 않기로 마음의 문을 열었다. 그리고 앞으로는 보다 철저한 관리와 안전대책을 주문하고 보험에는 필히 가입할 것을 부탁하였다.

그러나 이것은 어디까지나 서로에 대한 책임의 문제이지 사고발생에 대한 대책은 아니었다. 깊이 생각하여보면 이번사고의 가장 중요한 원인은 물리적인 원인보다는 정신적인 요인(要因)이 보다 근저(根底)에 내재(內在)되어 있었다.

타성(惰性)과 부주의(不注意)와 방심(放心)에서 오는 정신적인 해이(解弛)가 관리자나 사용자 모두에게 만연(蔓延)되어 있었기 때문이다.

운동을 하기 전에 조금만 더 주의를 하고 조금만 더 확인을 하였더라면 이와 같은 사고가 없었을 것을 지금 까지 아무런 일이 없었으니 '오늘도 역시 무슨 일이 설마 있을까?' 하는 안일한 생각과 부주의와 방심이 결국 사고로 연결되었던 것이다.

호랑이에게 물려가도 정신만 차리면 살수 있다는 우리의 속담은 바로 긴장과 정신의 집중을 두고 하는 말 일것이다. 어쩌면 의식(意識)과 정신(精神)의 집중이 사고발생의 기미(機微)와 징후(徵候)를 사전에 포착하여 보다 안전한 곳으로 유도할 수도 있지 않을까? 하는 생각을 가져보기도 하였다.

더구나 건강을 위한 운동기구가 때로는 흉기로 둔갑하는 경우도 있다는 것을 우리는 항시 유념(留念)하여야 하고 '런닝머신'을 이용하면서 휴대폰을 이용하거나 TV시청을 하지 말아야 할 것이다.

운동을 마칠 때에는 반드시 기구가 완전히 정지됐음을 확인한 후 내려와야 하고 기구사용을 시작할 때에는 관리자의 확인과 통제가 뒤따라야 할 것이다. 바로 이것이 무엇보다도 서로의 안전과 생명을 지켜주는 최선의 길이 되고 건강과 복을 가져다 주는 답차유감(踏車遺憾)이 아닌 답차소우(踏車消憂)와 답차복당(踏車福堂)의 안내자가 되어 줄 것이다.

신주(神主)

사람은 이 세상에 태어나서 명(命)대로 살다가 죽음을 맞이한다. 그럴 때 우리는 죽었다는 말 대신에 돌아가셨다고 표현을 한다.

어디로 돌아가셨다는 말인가? 죽었다(死)는 말은 모든 것이 끝났다는 것을 의미하고, 돌아가셨다는 것은 이 세상에 태어나기 전에 있었던 그 어느 세계로의 귀환(歸還)을 의미하거나 그것이 아니면 또 다른 새로운 세계로의 전이(轉移)를 말한다.

한 생명이 존재하는 시간, 이 지구(地球)에서의 체류(滯留)의 시간이 다 되면 이제는 이 지구의 시계로는 맞출 수가 없고, 지구가 아닌 우주의 시간, 우주의 질서로 돌아간다는 것이다. 그래서 시신(屍身)을 염(斂)할 때에 그 밑에 북두칠성을 상징하는 칠성판을 깔고 가로로 5매 세로로 3매로 시신을 묶는다. 이것은 북두칠성을 우주시간의 기준으로 믿고 있기 때문이다.

그렇다면 돌아가는 주체는 무엇인가? 혼(魂)이다. 인간에게는 혼(魂)과 백(魄)이 있다고 한다. 혼(魂)은 어머니의 탯줄을 자를 때 몸속으로 들어와서 한평생 육신과 같이 지내다가 죽음과 동시에 원래의 곳으로 돌아가고 백(魄)은 자신의 뼈와 같이 남아서 이 세상에 있는 사람들과 교신을 한다고 하였다. 그리하여 우리의 조상들은 영혼의 표상(表象)을 만들어 죽은 사람의 혼을 의탁(依托)하고 영적(靈的)인 교류(交流)를 하고 있는 것이다. 이것을 우리는 신주(神主)라고 부르고 위패(位牌)라고도 한다.

나무를 깎아서 "중(重)"이라 부르기도 하였고, 뽕(桑)나무를 신주 목으로 쓰다가 연제(練祭: 小祥)를 지낸 후에는 밤(栗)나무로 바꾸기도 하였다. 하(夏)나라 때는 소나무를, 은(殷)나라 때는 잣(柏)나무를, 주(周)나라 때는 밤(栗)나무를 사용하였다는 기록도 있지만 요즈음에는 대부분 처음부터 밤나무를 신주 목(木)으로 사용하고 있다. 밤나무를 신주 목으로 사용하는 이유는 밤나무(栗)는 서쪽나무라는 뜻에서 서쪽은 죽은 사람의 방위(方位)를 의미한다.

신주의 높이(高)는, 일 년(一年)은 열두 달이라 1자 2치로 하였고, 두께는 하루가 12시간이라 1치 2푼으로 하였으며, 너비는 한 달의 날수를 나타내는 30푼(三十分:三寸), 받침(座臺)은 한해의 사계절을 나타내는 사방4치(四方四寸)로 하였다.

이 척도(尺度)는 주(周)나라 때의 한자(一尺)의 길이를 22.5cm, 한치(一寸)의 길이를 2.25cm를 두고 하는 말이다. 신주의 형태는 전식(全式)과 분식(分式 혹은 分面式)이 있고 분식은 앞. 뒤(前.後)로 나누되 후(後)는 함중식(陷中式)으로 하고, 신주를 덮는 뚜껑의 색상(色相)은 고(考:아버지)는 자색(紫色)이면서 현(玄)으로, 비(妣:어머니)는 비색(緋色)이면서 훈(纁)으로 하였으며 윗부분의 모양은 천원(天圓)의 원리에 따라 둥글게 하였다.

제주(題主)는 집사자(執事者)가 영좌(靈座)의 동남쪽에 탁자의 자리를 서향(西向)으로 펴고 그 위에 벼루와 붓과 먹(墨)을 놓고, 탁자 맞은 편에는 세숫대야와 수건을 놓는다. 축관(祝官)이 손을 씻고 신주목(神主木)을 탁자 위에 놓으면, 선서자(善書者:글씨를 잘 쓰는 사람)가 광(壙)에 실토(實土: 흙을 넣는 것))를 할 때 신주를 쓰게 한다. 이때 상주는 그 앞에 북향을 하고 서 있어야 한다. 글을 쓰는 순서는 함중식(陷中式)을 먼저 쓰고 그 다음에 전면식(前面式)을 쓴다. 이때 축자는 향과 술을 올리고 상주의 우측에서 꿇어 앉아 신주를 받들고 독축(讀祝)을 한다.

그러나 영혼을 의탁(依托)하는 곳으로 신주 외에 혼백(魂帛)이라는 것도 있다. 비단(緋緞)으로 접어 역시 혼(魂)을 상징하는 것이다. 신주를 만들 때까지 영혼이 머무를 수 있는 의탁물이 있어야 하기 때문이다. 운명의 순간을 확인하고 절차에 따라 입관(入棺)을 한 후 뚜껑을 덮기 전에 시체의 우측 아래에서 혼백(魂帛)을 접고 동심결로 맨다. 명주나 모시, 삼베로 만들어 흰 상자 안에 넣어 모시기도 하였으나 요사이는 대부분 사진으로 대체하고 있다.

운구(運柩) 시에는 영거(靈車) 앞쪽에 혼백을 모시고 그 뒤에 제주하지 않은 신주를 모시고 갔다가, 반혼(反魂)할 때에는 반대로 제주(題主)한 신주를 영거(靈車) 앞쪽에 모시고 그 뒤에 혼백을 모시고 오는 것이다. 이때에 오는 길은 혼을 모시고 갔던 그 길을 그대로 따라 다시 돌아온다. 집에 도착하면 영거(靈車)에 모시고 왔던 신주와 혼백을 영좌(靈座)의 교의(交椅)에 설치한다. 그리고 삼년상(三年祥)이 지나면 혼백은 묘지 앞에 묻고 신주는 사당(祠堂)에 모신다.

사당(祠堂)이란 조상의 위패(位牌: 神主)를 모시는 곳이다. 조상(祖上)의 화상(畵相)을 모실 때 에는 영당(影堂)이라 부르다가 신주(神主)를 모신 후부터는 사당(祠堂)이라고 한다.

사당에는 고조(高祖)까지 사대조(四代祖)를 모신다. 그러나 나라에서 불천위(不遷位)를 받으면 불천위 조상은 대수(代數)에 상관없이 고조까지 사대(四代)의 조상 외에 영구히 신위를 모시고 제사를 지내는 부조지전(不祧之典)의 특전을 누리게 된다.

모시는 차례(次例)는 이중위상(以中爲上)과 이서위상(以西爲上)의 두 가지가 있다. 이중위상(以中爲上)은 가운데를 상으로 하면서 소목지서(昭穆之序)의 순서에 따르는 것이다. 소목지서의 소(昭)는 동쪽을, 목(穆)은 서쪽을 의미한다. 제일 웃어른인 시조와 선조, 그리고 부조지위(不祧之位)를 가운데에 모시고 중앙을 상석으로 하여, 소(昭)에 2위인 고조, 목(穆)에 3위인 증조, 다시 소(昭)에 4위인 조부, 목(穆)에 5위인 부모를 모시는 것이다.

이서위상(以西爲上)은 고조까지 4대만 모시는 경우인데 죽은 이는 서쪽을 상으로 한다(死者 以西爲上)는 원칙에 의한 것이다. 죽은 이는 어두운 세상으로 갔기 때문에 해지는 서쪽을 상석으로 해서 서쪽부터 고조, 증조, 조부, 부모 순서로 모시는 것이다.

내외분인 남자 조상과 여자 조상의 신주는 따로 있지만 한 독(櫝)에 모시는데 서쪽에 남자조상, 동쪽에 여자 조상을 모신다.

신주의 서식(書式)은 신주하나에 한 분의 조상을 신주 중앙에

붓글씨로 내려 쓰고 서쪽(왼쪽)하단에 봉사자(奉祀者)를 쓴다. 지방(紙榜)을 쓸 때에는 임시로 설위(設位)하기 때문에 신주가 아니고 신위(神位)라 한다.

이와 같이 신주는 그를 만든 동기나 이유를 비롯하여 죽은 사람의 방위(方位)를 고려한 재료의 선택이며 위패의 규격과 모시는 차례와 방법 등 하나하나에 세밀(細密)하면서도 합리적인 데에는 실로 놀라움을 지나 존경하는 마음을 금할 수가 없다.

사실상, 신주는 우리의 정신문화에서 수 천 년 동안 가장 중심에 자리 잡고 있었다. 특히 상례와 제례(喪禮와祭禮)문화 역시 민족문화 중심에서 위계(位階)와 협동, 효(孝)와 충(忠)이 어우러진 한(韓)민족의 아름다운 문화를 선도하여 왔던 것은 그 바탕에 바로 신주(神主)문화의 정신이 있었기 때문이다.

세계의 석학 토인비에게 이 지구가 없어져서 다른 행성(行星)으로 이사를 갈 때 이 지구에서 가장 가져가고 싶은 것 하나를 선택하라면 무엇을 가져가겠느냐고 한 기자가 물었을 때 그는 주저함이 없이 바로 한국의 가족제도라고 말했다는 어느 기록을 보았다.

신주(神主)라는 표상(表象)으로 영혼을 의탁(依托)하고 조상과 후손과의 대화를 영적(靈的)으로 이어가는 신주문화(神主文化)를 관습(慣習)과 문화적인 측면에서 살펴보면서 수 천 년 동안 이 나라 이 민족의 정신을 가꾸고 지켜왔던 조상님들의 깊고 넓은 뜻에 깊은 감사를 드린다.

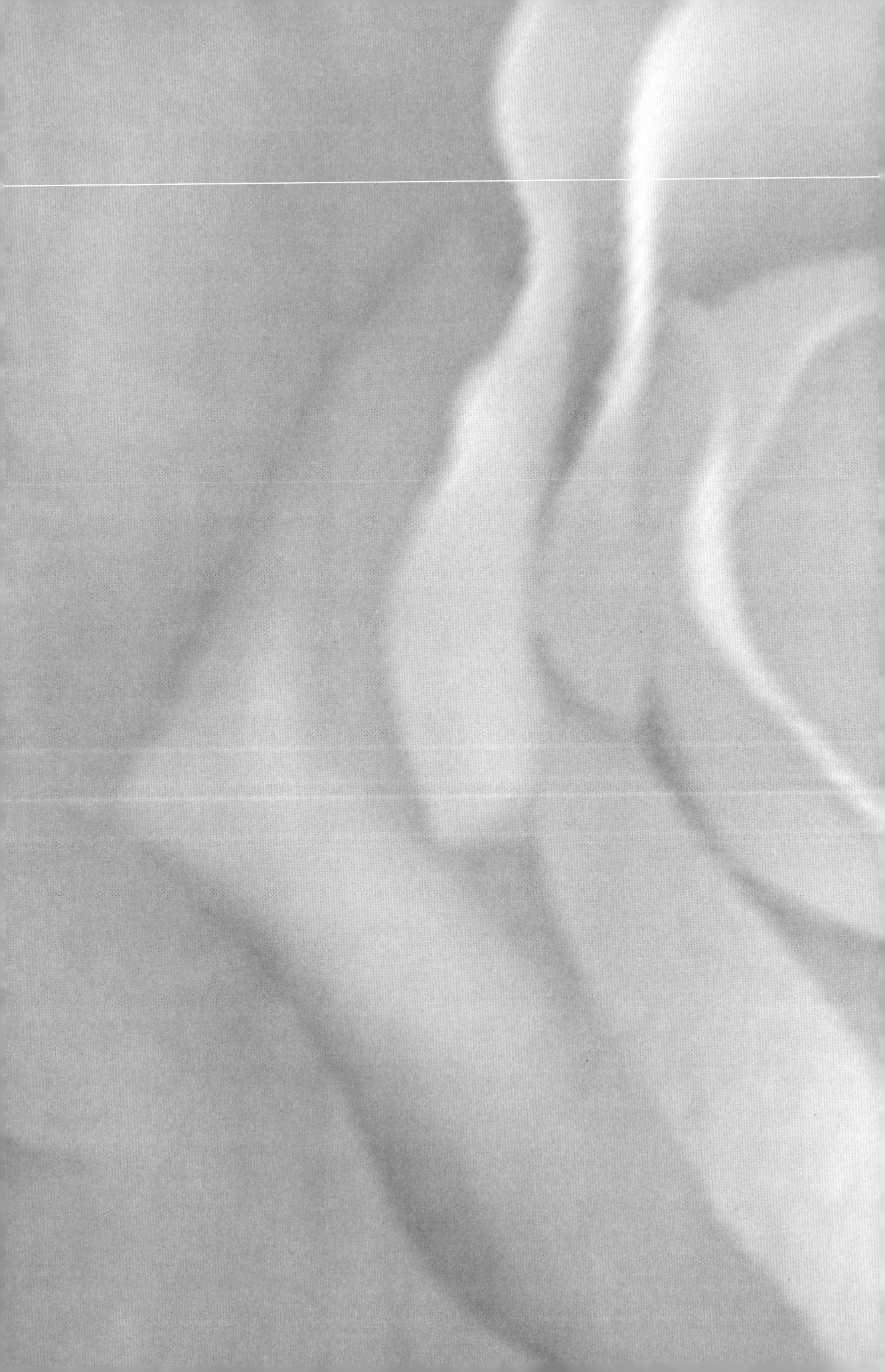

조성명

- 충청북도 괴산 출생
- 초등학교 교사 20년 근속
- 『국제문예』 수필부문 등단, 국제문인협회 회원
- 주) 삼정화학 대표이사

담장과 울타리

시골 각처의 마을에는 아직도 담장이나 울타리를 많이 볼 수 있다. 싸리나 소나무 가지, 참 나무나 대나무 등을 엮어 집주위에 빙 둘러놓은 울타리가 그리도 정겹다. 살기가 조금 나은 집은 흙벽돌이나 돌로 담장을 쌓아 해마다 만드는 울타리를 대신해 견고함을 자랑한다.

돌 많은 곳에서는 순 돌로만 기묘하게 쌓아 울타리를 대신하고 어느 곳에서는 탱자 나무나 측백나무를 심어 울타리를 대신하기도 하였다.

집과 집 사이 또는 자기집의 경계를 나타내는 유일한 표시로 담장이나 울타리를 쌓아 놓는 것이 관습으로 되어있었다. 그리고 도적이나 온갖 짐승의 침입을 막는 역할을 한 것도 사실이다.

전해오는 말로는 신라의 옛 이름 서라벌을 서벌이라 칭하고 서라벌 근처의 경계였던 울섭에서 그 이름이 상호 연관이 있다는 이야기도 있다.

나라나 부족들은 외적의 침입을 막기 위하여 선사시대부터 토성, 석성, 토석성, 목책 등으로 성곽을 세워왔고 이는 근세까지

세계적으로 유행한 것이다.

아무튼 큰 도시의 경계로는 성곽을 쌓고 마을의 집들 사이에는 담장이나 울타리를 만들어 인마 출입의 경계로 삼아왔고 방풍용으로도 이용되어 왔다.

꼭 짐승이나 도둑 방어용보다는 집안의 복을 가두어 두는 풍습으로도 이용 되었고 집안의 안락을 위함도 있었다.

도둑만을 막으려면 더 높이 만들 수 도 있었겠지만 보통 높이 1.6m내외의 담장이나 울타리를 만든것을 보면 이것의 목적을 곧 알 수 있다.

이 울타리는 빨래한 옷들을 너는 곳이기도 하고 이웃과 서로 좋은 음식이 생기면 이 곳을 통해 넘겨주던 어머니들의 생각이 생생히 떠오른다. 울타리에는 박이나 호박을 심어 울타리를 타고 무럭무럭 자라 가을이면 결실하던 그 정취는 한폭의 그림과도 같았다.

어떤 집에서는 울타리밑에 나팔꽃을 심어 아침이면 꽃이 만발하는 그 경관은 상상만 해도 정겹다. 그뿐 아니라 이 울타리 밑에는 길게 화단을 만들어 봉숭아, 백일홍, 채송화 등 우리나라 재래의 다양한 꽃을 심고 가꾸어서 온 집안을 단장하였음은 집안의 평화와 안락을 추구하는 간절한 소망이었다.

이 소박한 꿈과 그리움이 서려있는 시골 풍경은 이제는 세월따라 그 모습도 점차 사라지고 있다.

지금은 양옥집에 벽돌담이나 철제 펜스 등으로 장식되었고 높다란 담장위에 가시철망까지 드리운 집이 있는가 하면 대개는 아예 담장 없이 살고있다. 이것이 도시의 한 풍경을 본뜬 것이리라 생각된다.

도시에는 아파트로 꽉차고 아파트내에서도 누가 누구인지 모르고 사는 세상이 되었다. 우호적인 상린자 정신은 사라진지 오래 되었다. 아무리 주거환경이 바뀌었어도 이웃을 사랑하던 미풍양속은 지켜졌으면 좋겠다.

주거역사와 함께 사라져가는 담장이나 울타리를 생각하며 옛날 아버지, 어머니가 정성껏 지켜오던 그 생활상이 몹시도 그립다.

청천의 백로(白鷺)

높은 산이 있고 넓은 강이 흐르는 곳이라면 그것만으로도 한폭의 그림으로 충분한 경치이다. 그 사이에 논밭의 무럭무럭 자라는 오곡과 채소가 빛을 더하였다.

충북 괴산군 청천면 청천리는 이러한 여건 외에 하늘을 수없이 날고있는 백로의 고장이다. 백로는 순백색의 깃털로 일명 백학이라고도 하며 길조로 더 널리 아려진 순박한 새로 600년을 산다고 전하는 새이다. 백로의 장식 깃털은 동양에서 예복 장식에 사용하고 서양에서는 여자의 모자에 장식하였다는 이야기도 전하는 귀중한 새이다. 몸 길이는 55cm 이상이며 백로과에 속하는 새로서 한국에도 여러 종류가 서식한다고 한다.

백로의 하늘 높이 나는 기상은 가히 가관이며 백로가 날아오는 곳은 최고의 낙원으로 알려져 왔다.

조선 현종, 숙종때의 학자이며 노론의 영수였던 우암 송시열 선생 묘하에 선생의 신도비가 있다. 이 신도비는 국난을 당하면

비석에 땀이 난다하여 더 유명하다. 신도비의 비각 앞으로 10여 m 떨어진 곳에 수령 400~500년 된 큰 은행나무와 산하 소나무 숲에 백로가 해마다 봄이면 찾아와 보금자리를 치고 새끼를 낳아 잘 길러서 늦은 가을이면 가곤 하였다.

은행나무 옆에는 초가로 된 두부집이 있었는데 지금은 모두 없어지고 우암선생의 재실이 들어섰다. 또 그 이웃에는 우암선생의 고택이 있었는데 지금은 도립 양로원이 되어 있다. 아침부터 저녁 늦게까지 100여 쌍쯤 되어 보이는 백로가 청천 하늘을 뒤덮고 오락가락하는 장관은 가히 선경이라 할 수 있었다. 강이 있고 들이 있으며 시냇물도 있어 먹이감이 풍부한 까닭도 있었을 것이다.

내가 초등학교 시절 한때 이곳에 살았는데 그때는 왜 그리 백로를 미워하였는지 모르겠다.

날아다니는 백로가 공중에서 똥을 싸면 지나가는 사람의 머리위에 떨어지기도 하고 각 가정에서는 빨래를 널어 놓아도 이 또한 다시 빨아야 할 형편이며 날 좋은 날 장독대도 열어놓지 못한다. 이렇듯 주민들에게 해를 끼치던 동물인데 그래도 주민들은 봄에 백로를 기다리고 가을에 떠남을 아쉬워 하였다. 그뿐아니라 백로가 사는 곳이면 낙원으로 생각하고 자랑이 이만저만이 아니었다.

나도 어릴때 이 백로의 서식지 은행나무에서 300m쯤 떨어진 곳에 살고 있었는데 가을철 아침 일찍 은행을 주으러 나무 밑에 가면 백로가 떨어뜨린 메기, 뱀, 뱀장어 등이 가끔 있었다. 그뿐 아니라 몇일만큼 부엉이가 날아와 백로를 습격하여 한 마리씩 잡아먹고 피투성이가 된 백로의 깃털만이 남아있는 것을 자주 보았다. 이렇게 일주일에 1마리씩 백로가 죽어갔어도 원래 수가 많다보니 줄어드는 것이 보이지 않었다.

꽥꽥 울부짖는 소리는 항상 시끄러웠고 특히 부엉이가 나타나 백로를 습격하면 일제히 소리치며 밤하늘을 날던 것이 눈에 선하다. 그때 전설로 내려오는 이야기로 부엉이가 백로를 잡아다 호랑이하고 나눠 먹는다고 하였었다.

낮에 기다란 뱀을 척 느러트리고 물고 들어오는 백로를 보면 새끼가 많이 컸음을 알 수 있기도 하였다. 또 새끼가 자라 처음 날을때는 머지않은 나뭇가지나 지붕위에 쉬어쉬어 날음을 보고는 애처럽기까지 하였었다.

봄이면 날아와 청천을 한바퀴 돌아 은행나무숲을 중심으로 보금자리를 치고 나뭇가지를 물어다 집을 고치며 새끼를 낳아 정성껏 기르고 이웃 산새들과 어울려 요란한 음악회도 열고 늦은 가을 떠날때도 청천을 한바퀴 크게 돌다 떠나가는 새였다.

이렇듯 청천이란 곳은 사람의 소리, 백로의 소리로 가득차 시끌시끌하고 활기찬 농촌이었었다.

그런데 그 백로의 개체수가 점점 줄더니 10여년전부터는 한마리도 날아오지 않는다 한다. 주민들의 이야기로는 산 너머로 이전되었고 그 수는 적어져 그 우람하였던 은행나무도 가지가 꺾어져 앙상하게 남아 있었다.

농약 사용 때문인지 사람이 떠나니 백로도 떠나는 것인지 공기나 물이 오염되어서인지 알 수 가 없다. 무슨 연유인지 알 수 없으나 시골 면소재지로 장도 서고 떠들썩하였던 청천이 인구도

줄고 백로도 사라지니 쓸쓸하기 그지 없었다.

순박한 시골사람이 그렇게도 정겹게 여기든 백로도 지금 사람들은 관심조차 없었다. 오직 청천은 화양리, 선유동, 속리산 문장대 등을 찾는 관광객만 이곳을 찾아 문의도 하고 숙박도 하는 쓸쓸한 마을로 변하여 있었다.

아! 백학이 춤을 추는 옛 청천이 그립다.

족보(族譜) 소고

족보를 갖고 있는 가정도 적으려니와 있어도 내용을 모르는 사람이 무척 많다. 족보를 이야기하려면 시대적으로 가장 뒤떨어진 사람으로 취급되고 문화적으로나 사고의 발상자체가 어리석음의 극치를 이루는 경향으로 취급되고 있다. 그러나 우리들 역사의 한 단면임을 아는 사람은 극히 적다.

현대 지향적 문명과 경제부흥에 치중한 나머지 모든 역사는 망각의 늪으로 빠져들고 있는 것이 현실이다.

역사는 과거이다. 과거를 알아야 현재를 이해할 수 있고 미래 지향적으로 새로운 정신세계를 개발할 수 있는 것이다.

족보의 기원은 중국의 6조시대에 왕실의 계통을 기록한 것이 처음이며 우리나라는 고려 왕실의 계통을 기록한 것으로 18대왕 의종(毅宗)때 김관의가 지은 왕대종록(王代宗錄)이 효시라 할 수 있다.

조선조에 들어와서는 1409년(태종 9년) 하륜이 태조실록을 작성하기 시작하여 1413년에 완성하였고 1426년(세종 8년)에

춘추관에서 정종실록을 찬진한뒤 계속 제왕실록을 이어왔다.

일반 성보(姓譜)로는 1467년(세조 13년)에 양성지가 해동성씨록(海東姓氏錄)을 편찬하였고 1650년대에 조종운이 씨족원류(氏族源流)를 편저하고 540여 문중의 보계(譜系)를 수집 기록한것이 모든 족보의 근간이 되었다.

체계적인 족보의 형태를 갖춘것은 1476년 성종때부터 이며 이때 안동 권씨 성화보(成化譜)가 처음 발간 되었으나 현재는 전해지지 않고 기록만 있을 뿐이며 한 가계의 여자쪽을 많이 기록한 것이 특징이다.

혈족 전부를 망라한 족보는 조선 명종때 편찬된 문화 유씨보가 유일한 것으로 전해지고 있다. 이후에 우후죽순격으로 각 성씨마다 족보를 간행하게 되었는데 선대 특히 조선조 이전의 내력이 미비하여 추측으로 시조가 중국에서 도래한 것으로 기록된 것이 많다. 조선조 중엽의 국내 실정으로는 사대주의 사상이 농후하였고 중국에는 몇천 성씨가 있기에 시조를 중국 도래인으로 표기한 것이 많었다.

한국에도 김수로왕 후손, 박혁거세 후손, 김알지 후손, 등과 고구려의 고씨, 기자조선의 한씨, 고려의 왕씨, 제주의 고, 양, 부 등 선조를 확실하게 하였음도 신빙성을 갖게 하는 대목이다. 그러나 고려 이전에는 문자의 보급과 통신이 전연 되지 않는 시대였기에 족보의 중요성도 몰랐고 민가의 기록문서가 전무한 시대였기에 이를 기대할 수 없는 실정이다.

다만 조선조에 들어와서 작성된 것이 왕조실록 및 승정원 일기등과 일치함을 발견할 수 있다. 그러므로 역사와 족보를 같은 선상에서 연구하고 읽어야 할 것이다.

한국의 현재까지 발행되는 족보들은 거개가 한문 위주로 되어 있다. 옛날부터 내려오는 전통을 살리려는 의도에서 편찬된 것으로 볼 수도 있겠지만 현대 젊은 층은 대다수가 한문을 잘 이해하지 못하고 있다. 그러기에 족보란 한 가정의 장식물로만 존재하고 있는 실정이다.

이를 극복하기 위해서는 하루 속히 한글과 한문의 혼용으로 다시 만들어야 하겠다. 최근에는 외국과의 교류가 잦으므로써 출신학교나 혼사관계의 이름을 영문으로 써야하는 경우가 많아졌다. 그러기에 한문만 고집하기에는 명분이 사라졌다.

형식에 억매이지 않고 과감히 수정보완하여 쉽게 이해하고 쉽게 검증할 수 있는 족보를 만들어 가정이나 문중에서 교육하여야 하겠다.

족보는 한 가정과 씨족의 역사이고 내용으로는 종(縱)으로 선대와 후대가 필히 기록되어 있고 횡(橫)으로는 동족관계를 기록하고 있으며 이름, 자, 호, 시호, 등과, 생몰, 충신, 애국지사, 전적, 효자, 효부, 포상, 유고, 배향, 묘소, 묘표, 등 다양하게 기록되어 있다. 족보의 종류로는 편찬범위와 내용에 의하여 대동보, 족보, 세보, 파보, 가승보, 계보, 가첩 등 여러가지 형식으로 기술되어 있다. 각 관공서나 회사에서도 연혁지가 있다. 이를 통하여 그곳의 역사를 알 수 있다.

우리 가정에 보관되어 있는 족보를 시간이 없다는 이유와 이해하기 힘든다고 들여다보지 않고 한문이라 읽지 못한다는 핑계로 내팽개쳐 둔다면 영원이 조상의 역사나 존재가치를 부정하는 행위가 될 것이다. 틈 있는대로 읽고 연구하여 선조보다 나은 발전적 역사를 꾸미길 희망한다.

고향

우리가 쓰는 낱말중에 "어머니"와 "감사" "사랑" 다음에 "고향" 이란 낱말이 가슴에 닿고 이보다 더 정겨운 낱말이 없다. 흔히 처음 만나는 사람끼리 고향을 묻는 것은 예사이다.

내가 생각하는 고향은 조상이 묻힌 선산이 있고 일가친척이 이웃하여 살며 내 부모와 내가 태어났고 어린 시절 같이 뛰어놀던 친구가 있는 곳이 고향이라 생각한다. 고향을 떠나 멀리 있어도 항상 생각나는곳이며 내가 늙어 죽은 뒤 내 무덤이 되는 곳이 또한 고향이다. 그리고 항상 나를 기다리는 푸른 산천과 전원, 나를 반겨주는 이웃과 묵묵히 내려다 보고있는 조상의 산소가 있으며 나의 어린 시절의 역사가 고히 간직되어 있는 곳이 고향이다.

내가 고향을 떠나온지 40여년이 되었는데 한번도 잊지 않고 그리워한 곳이 또한 고향이다. 지금도 모든 것을 접어두고 고향에 내려가 훈훈한 인심과 아름다운 산천에 푹 빠지고 싶은 생각이 간절하다.

나의 고향은 충북 괴산이란 산골이다.

항상 충청도 촌놈이라고 놀림도 받았고 가끔 튀어 나오는 충청도 사투리로 남을 웃기기도 하였다. 촌놈이면 어떠랴. 서울깍쟁이 소리보다는 듣기가 훨씬 좋다.

내 고향에는 여러가지 천연 기념물이 있는데 그중에도 장연면 미선나무 군락지, 청천면 삼송리의 소나무, 청안면의 느티나무는 유명하다. 문화재로는 연풍면의 조령 제 3관문, 수옥정, 천주교 순교성지, 불정면의 학역재 정인지 선생묘, 청천면의 만동묘, 우암 송시열 선생묘, 의주부사 김시약 선생묘, 괴산읍의 충무공 김시민 장군묘를 대표적으로 꼽고 있다. 그리고 역사를 빛낸 어른들의 묘소가 많이 있으며 그를 기리는 정려와 비석이 산재하여 있고 고찰과 유명 무명의 옛 성곽이 많이 있다. 그외 화양구곡, 쌍용계곡, 선유동 등이 있어 사철 관광객이 많이 찾는 곳이다.

백두대간의 줄기를 따라 높이 솟은 산과 깊은 골짜기와 폭포 등 그림처럼 펼쳐진 산천이 너무나도 아름다운 곳이며 현재는 유기농 농법으로 각종 작물을 재배하고 있는 곳이다. 지금도 고향 냄새가 코끝을 자극한다.

서울에서 고향 선후배들을 자주 접한다.

형, 아우님, 선배님, 아저씨, 아줌마 등 다양하게 만나 정겨운 이야기를 주고 받을 때 서로 격려하고 위로하며 성공하면 축하하고 좋지 않은 일에 위문하는 것이 모두 고향이 맺어준 인과라 생각한다. 외로울 때 고향 친구를 찾아 전화도 하고 때로는 술 한잔 하는 것도 우리의 운명적인 만남이라 하겠다.

동창들을 만나면 우리의 만남은 너와 나의 뜻이 아니고 부모님이 같은 땅에 같은 시기에 같은 환경으로 사셨기에 맺어진 인연이라고 이야기 한다. 그 인연을 고히 간직하고 변치 말자고 수없이 약속한다.

8.15 광복 당시 서울의 인구 100만명 미만이 지금은 1,100만명에 육박하고 있다. 그 중에는 서울에서 태어나 소년시절을 보낸 사람이 많다. 과연 그들의 고향이 서울이라고 하여야 옳을까?

어떤 사람은 굳이 태어난 곳이 고향이라고 우긴다. 그래서 열차안에서 또는 비행기나 선박에서 태어나면 그곳이 고향인가 되묻곤 한다. 아무리 세상이 바뀌고 물질문명이 천지를 지배하여도 추억이 있는 고향의 향수에 젖어보는 것이 나의 일상 생활이다. 나의 아이들에게도 늘 고향 이야기를 하며 고향을 잊지않도록 부탁의 말을 전하고 있다. 그럴때마다 무관심한 아이들을 속으로 원망도 한다.

사람은 경제적 풍유만을 탐하고 어제를 잊고 미래 지향적 생활만을 하지만 좀 더 폭넓게 생각하고 정서적으로나 개인의 역사를 생각하여 고향을 잊지 말아야 하겠다. 그리고 고향의 발전을 위하여 보탬이 되는 한 사람이 되어야 하겠다.

겨울 눈

자고난 새벽에 아파트 베란다를 보니 철책 위에 눈이 소복이 쌓였다. 먼 하늘을 쳐다보니 새까만 구름에 가리워져 있고 펑펑 눈이 계속 쏟아지고 있다.

파랗게 보이던 뒷산도 전연 보이지 않고 굵은 눈발만이 앞을 가린다. 이렇게 많이 오기는 올겨울 들어 처음이다. 앞뜰에 진열된 차들도 눈 속에 푹 묻혀 숨죽여 잠자고 있다.

빨리 옷을 갈아입고 밖에 나가 강설량을 재어보니 10cm나 된다. 상쾌한 기분을 억제하며 쏟아지는 눈 속의 앞마당을 거닐어 봤다. 어린 동심으로 돌아간 기분이다. 눈이 오니 사람들의 왕래가 뜸하고 이른 아침이라 아이들 마저도 나오지 않았다.

오늘은 눈이 내려 온종일 집에서 푹 쉬기로 했다. 저녁 무렵 적설량을 재어보니 26cm나 된다. 눈치우기에 동참하라는 방송이 있어 맨손으로 나가보니 모두가 그냥 나왔다. 관리실에서 나누어 주는 넉가래, 삽, 빗자루 등을 나누어 들고 쓸어 보았으나 워낙 많은 눈이라 한쪽으로 모으는데도 힘이 들었다. 이렇게 눈이 많이 오는 날엔 옛생각이 머릿속을 스치고 간다.

참새를 잡기위해 눈 쓴 자리에 먹을 것을 두고 새덫을 만들어 끈을 길게 하고 문구멍 사이로 보다가 끈을 당기면 참새 한두 마리는 잡게 되는 것이다. 또 알콜에 쌀을 불켜 놓아두면 참새들이 주어먹고 술에 취하여 날지 못한다. 그뿐 아니라 새차귀를 만들어 들로 나가 놓으면 운수 좋게 한두 마리씩 잡곤 하였다.

이보다 더 어린시절에 눈이 많이 내리는 날에는 저녁에 꼬마친구들이 모여 이웃 사랑방의 할아버지를 졸라 옛이야기를 듣곤 하였다. 도깨비 이야기, 호랑이 이야기를 듣고 무서워 집으로 가지 못하고 어른들이 올 때까지 기다린 적도 있었다.

밤이 깊어져 저녁을 먹고도 출출한 우리는 감자나 고구마 구워먹기, 구덩이의 배추 밑둥이나 무우 꺼내 먹기 등을 하며 늦게까지 놀기도 하였다. 가난하였던 시절 겨울철 먹거리는 아무것도 없었다.

그뿐 아니라 입을 것도 만만찮아 추위에 많이 떨곤 하였다.

오늘같이 이렇게 추운 날에도 꽁꽁 언 냇물로 새벽에 나가 얼음을 깨고 냉수마찰을 하던 생각도 난다. 처음에는 얼음을 깨놓고 옷을 벗은 뒤 삼베로 된 수건으로 온몸을 문지른 다음 덤벙물속으로 뛰어들면 물속 온도에 의해 따뜻함을 느끼었다.

그리고 집에 들어와 책상머리에 앉으면 공부하는 것마다 머릿속에 잘 들어갔었다. 같이 하던 친구는 10여년 전 세상을 뜨고 없다. 이렇게 추운 날이면 옛날 그 친구가 몹시도 그립다. 아! 지나간 세월이 이 눈 속에 모두 묻혀 버린 듯하다. 눈이 많이 오니 김삿갓의 시 설(雪)이 떠오른다.

天皇崩乎人皇崩　　천황붕호인황붕
萬樹靑山皆被服　　만수청산개피복
明日若使陽來弔　　명일약사양래조
家家簷前淚滴滴　　가가첨전루적적

천황이 죽었는가 인황이 죽었는가
온갖 나무와 푸른 물이 모두 상복을 입었구나
내일 만약 태양이 조문 온다면
집집마다 처마 앞에 방울방울 눈물 흘리리

이 얼마나 적절한 시인가?

흰 눈이 덮인 산천을 상복 입은 것으로, 처마 밑에 떨어지는 눈 녹은 낙숫물을 흘리는 눈물로 표현한 것이 얼마나 적절한가. 다시 한 번 읊어 본다. 눈은 우리나라 겨울철이면 흔히 볼 수 있는 자연 현상이다. 적도 근방 5000m 이상이 되는 산에도 눈이 내린다고 한다. 올 초겨울에는 눈이 오지 않아 가뭄을 걱정하였는데 뜻밖에 이렇게 많이 오니 모든 작물, 식물에 큰 도움이 되고 우리가 먹는 식수에도 좋은 영향을 줄 것으로 믿는다. 옛날에도 눈이 많이 오면 풍년이 든다고 하여 좋아들 하였다.

우선은 눈이 오니 색다른 경치를 감상할 수 있고 또 온천지의 추하고 더러운 곳을 모두 감추어 주었으니 이 은백색의 새로운 세계가 더욱 아름답게 보인다.

세상 사람들의 오염된 마음도 이렇게 덮여 버렸으면 얼마나 좋을까하고 생각해 본다.

〈군두쇠〉의 뜻말

"큰 재목을 山에서 운반할 때 재목의 한 쪽 머리에 박고 거기에다 줄을 매어 끄는 크고 굵은 쇠고리를 뜻하는 〈군두쇠〉!"

여기서 말한 큰 재목이란 국내외를 막론하고 문학을 포함한 예술전반에 걸친 큰 마당을 의미하며 줄을 매어 끈다는 의미는 우리 〈국제문인협회〉가 발행하는 동인지가 이끌어 그 위대한 역할을 해낸다는 뜻을 함축하고 있다.

이제 첫발을 내딛는 〈군두쇠〉는 순수문학의 고봉을 향하여 군두쇠와 같은 굵은 땀방울을 흘려 갈 것이다.

2010년 12월

국제문인협회 고문 · 시인 **배 용 파**